中國佛教典籍選刊

壇經校釋

〔唐〕慧能 著
郭朋 校釋

中華書局

圖書在版編目(CIP)數據

壇經校釋/(唐)慧能著;郭朋校釋. —2 版. —北京:中華書局,2023.11
(中國佛教典籍選刊)
ISBN 978-7-101-16085-7

Ⅰ.壇…　Ⅱ.①慧…②郭…　Ⅲ.①禪宗-佛經-中國-唐代②《六祖壇經》-注釋　Ⅳ.B946.5

中國國家版本館 CIP 數據核字(2023)第 010481 號

責任編輯:劉浜江
責任印製:陳麗娜

中國佛教典籍選刊
壇經校釋
〔唐〕慧　能 著
郭　朋 校釋

*

中華書局出版發行
(北京市豐臺區太平橋西里 38 號　100073)
http://www.zhbc.com.cn
E-mail:zhbc@zhbc.com.cn
三河市博文印刷有限公司印刷

*

850×1168 毫米 1/32 · 6¼印張 · 2 插頁 · 91 千字
1983 年 9 月第 1 版　2023 年 11 月第 2 版
2023 年 11 月第 18 次印刷
印數:57001-58500 册　定價:28.00 元

ISBN 978-7-101-16085-7

中國佛教典籍選刊編輯緣起

佛教是世界三大宗教之一，約自東漢明帝時開始傳入中國，但在當時並没有産生多大影響。到魏晉南北朝時期，佛教和玄學結合起來，有了廣泛而深入的傳播。隋唐時期，中國佛教走上了獨立發展的道路，形成了衆多的宗派，在社會、政治、文化等許多方面特别是哲學思想領域産生了深刻的影響。這時佛教已經中國化，完全具備了中國自己的特點。而且，隨着印度佛教的衰落，中國成了當時世界佛教的中心。宋以後，隨着理學的興起，佛教被宣布爲異端而逐漸走向衰微。但是，佛教的部分理論同時也被理學所吸收，構成了理學思想體系中的有機組成部分。直到近代，佛教的思想影響還在某些著名思想家的身上時有表現。總之，研究中國歷史和哲學史，特别是魏晉南北朝隋唐時期的哲學史，佛教是一項重要内容。佛學作爲一種宗教哲學，在人類的理論思維的歷史上留下了豐富的經驗教訓。因此，應當重視佛學的研究。

佛教典籍有其獨特的術語概念以及細密繁瑣的思辨邏輯，研讀時要克服一些特殊的困難，不少人視爲畏途。解放以後，由於國家出版社基本上没有開展佛教典籍的整理出版工作，因此，對於系統地開展佛學研究來説，急需解決基本資料缺乏的問題。目前對佛學有較深研究的專家、學者，不少人年事已高，如果不抓緊組織他們整理和注釋佛教典籍，將來再開展這項工作就會遇到更多困難，也不利於中青年研究工作者的成長。爲此，我們在廣泛徵求各方面意見的基礎上，初步擬訂了中國佛教典籍選刊的整理出版計劃。其中，有重要的佛教史籍，有中國佛教幾個主要宗派（天台宗、三論宗、唯識宗、華嚴宗、禪宗）的代表性著作，也有少數與中國佛學淵源關係較深的佛教譯籍。所有項目都要選擇較好的版本作爲底本，經過校勘和標點，整理出一個便於研讀的定本。對於其中的佛教哲學著作，還要在此基礎上，充分吸取現有研究成果，寫出深入淺出、簡明扼要的注釋來。

由於整理注釋中國佛教典籍困難較多，我們又缺乏經驗，因此，懇切希望能够得到各方面的大力支持和協助，使這項工作得以順利完成。

中華書局編輯部

一九八二年六月

再版説明

壇經校釋自一九八三年出版以來，受到學界和讀者的充分關注，影響廣泛。但由於當時條件限制，校釋者郭朋先生未能目睹敦煌出土的壇經寫本，只能以日本鈴木貞太郎和公田連太郎的校訂本爲底本，因而在經文録文、釋讀等方面出現一些問題。借這次改型再版的機會，我們主要參考斯五四七五號壇經寫本對經文做了校勘，並酌情吸收了讀者的糾謬意見，對全書做了一定的修改。由於郭朋先生作古多年，我們無從全面修訂，再加上水平有限，書稿不當或錯誤之處仍在所難免，望讀者不吝賜教。

中華書局編輯部
二〇二三年一月

目録

序　言

一

按照佛教的傳統說法，佛教的禪宗，是由印度傳來的。在印度，自摩訶迦葉以至菩提達磨，「師資相承」，二十八代，這就是所謂的「西天二十八代」祖師說。在中國，自菩提達磨以至慧能，「師資相承」，共有六代，這就是所謂的「東土六代」祖師說（所以慧能被稱爲「六祖」）。其實，這種說法，只不過是一種宗教傳說而已。核實而論，中國佛教的禪宗，是由慧能創始的；慧能以前，只有禪學，並無禪宗（因而，通常所謂禪宗中的「南宗」「北宗」之說，也只不過是一種習而不察的傳說而已。對此，可以參看拙著隋唐佛教第四章第四節）。

慧能（六三八—七一三）創立了禪宗，而慧能之後，禪宗却又有了很大的發展和演變。慧能之禪，樸質無文，不加緣飾，徑直倡導「明心見性」，亦即所謂「直指人心」「見性成佛」。慧能之後的禪宗，雖仍講究「明心見性」，却平添了許多枝蔓。

晚唐、五代的禪宗五家，雖也都以「明心見性」相標榜，但却宗風不同，門庭各異。「機鋒」「棒喝」之類飽含蒙昧主義的東西，隨着五家的興起而逐漸取代了慧能之世的比較樸素的「直指」。禪宗思想及其宗風，於是爲之一變。

入宋之後，儒士、文僧向禪者多，不僅語録日繁，而且大型燈録也相繼出現。「不立文字」的禪宗，一變而爲「不離文字」的禪宗。禪宗思想及其宗風，於是又爲之一變。與此同時，又出現了所謂「拈古」「頌古」——以「拈」「頌」古代的各種「公案」（總數號稱「千七百則」，一般「拈」「頌」者則爲「百則」），取代了「直指」與「參究」。禪宗思想及其宗風，於是又爲之一變。北宋克勤創作評唱，致使禪宗由「直指人心」而演變到「繞路説禪」（克勤語）。禪宗思想及其宗風，於是又爲之一變。南宋宗杲提倡「看話禪」（「參話頭」）——禪宗之「參話頭」，並非始於宗杲，宗杲只不過是加意提倡而已），把禪宗引向了更加蒙昧主義的道路。禪宗思想及其宗風，於是又爲之一大變。

元、明、清代，禪宗的主要流派，雖然仍在勉强維持其門庭，但多是在步前人後塵，拾古人餘唾，陳陳相因，每況愈下。甚至變「參」禪爲「念」禪（變「參」話頭爲「念」話頭），終而至於由禪入淨（完全走向慧能禪的反面），徒有禪名。

所以，慧能創立了禪宗，但他並不等於禪宗；同樣，禪宗是由慧能創立的，但它也絶不等於慧能。兩者之間，在其基本思想上，即世界觀上的「真心」一元論——「真如緣起」論，解脱論上的「佛性」論，宗教實踐上的「頓悟」思想，是大致相同的。但是，如上所述，隨着時移勢易，兩者之間却又有着許多的不同。這些不同，正標誌着慧能以後禪宗的發展和演變。

二

禪宗提倡的「直指人心」「見性成佛」思想的理論根據，是解脱論上的「佛性」論。所謂「佛性」論，就是認爲「一切衆生，皆有佛性」，一切衆生都能成佛。而且，禪宗還認爲：只要「見性」，便可「頓入佛地」。這也就是所謂的「頓悟」説。雖然中國佛教的其它各宗（除三論宗和唯識宗）也都講究「一切衆生，皆有佛性」，但是，「頓悟」成佛説，却是禪宗所特有的思想。從世界觀的角度説來，這一思想，又表現爲「真心」一元論——「真如緣起」論：永恒的、絶對的、無所不在、靈明不昧的「真如」——「真心」，是世界本原、宇宙實體。世界上的一切，都是由它派生（緣起）的（這一思想，也是除三論宗、唯識宗之外其它各宗所共有的）。由於一切都是由「真如」派生的，所以，舉一切的萬事萬物，本身就是「真如」。所謂「青青翠竹，盡是法身；鬱鬱黄花，無非般若」，便是這一思想的具體反映（後期禪宗的泛神論思想，正是這一思想發展的必然結果）。禪宗的這一基本思想，也就是慧能（以及壇經）的思想。

在談及慧能的思想時，人們多習慣於把他同金剛經聯繫在一起。這是因爲，據說，慧能在見弘忍以前，曾經聽到過有人念誦金剛經，而且，「慧能一聞，心明便悟」（法海本壇經第二節）。而在弘忍向他傳法時，又向他念誦了一遍金剛經，以爲「印心」之證。因此，人們認爲，慧能的思想，也就是金剛的思想——至少，金剛思想同慧能思想有着密切關係，在慧能思想裏，有着很大的金剛思想的成份。其實，這不過是一種習而不察的歷史誤會。因爲，金剛乃般若系經典，它的思想，世界觀上，是「性空緣起」論；思想核心，是「一切皆空」。在般若（三論）系的經典看來，什麽都是空的。他們甚至認爲，光講一個「空」字還嫌不够，他們可以一口氣講出十八個「空」來：「内空，外空，内外空，空空，大空，第一義空，有爲空，無爲空，畢竟空，無始空，散空，性空，自性空，諸法空，不可得空，無法空，有法空，無法有法空。」（詳見智論第二〇、第三一等卷。在大品般若裏，還有「二十空」之說，前九空相同，後十一空是：無際空、散空、無變異空、本性空、自相空、共相空、一切法空、不可得空、無性空、自性空、無性自性空。）在這「十八空」裏，内、外等「空」，可說是「空」的現實世界；而第一義、無爲等「空」，則是「空」的彼岸世界——這也正是大品般若所説的：

「若當有法勝於涅槃者，我説亦復如幻如夢！」（幻聽品）其實，所謂「十八空」（或「二十空」）也者，不過是一些煩瑣之談，一言以蔽之，則「一切皆空」四字足矣。總之，般若系的「空」，是一種全稱否定，是一「空」到底，没有任何保留的。

而慧能的思想，在世界觀上，他是一位「真心」一元論——「真如緣起」論（它與「性空緣起」論是針鋒相對的）者；解脱論上，他是一位「佛性」論者；宗教實際上，他則是一位「頓悟」思想的倡導者。這一思想，來源於各種宣揚這類教義的大乘經典。例如，在大講佛性論的大般涅槃經裏，居然也能一口氣講出十一種「空」來：「『世尊！云何名空？』『善男子！空者，所謂内空，外空，内外空，有爲空，無爲空，無始空，性空，無所有空，第一義空，空空，大空。』」（梵行品）光從字面上看，好像同智論（大品）講的差不多，但其命意，却大不相同。請看涅槃對於「内空」的解釋：「菩薩摩訶薩（按：「菩薩摩訶薩」全稱應爲「菩提薩埵摩訶薩埵」。「菩提薩埵」，義爲「覺有情」；「摩訶薩埵」，義爲「大有情」。「菩薩摩訶薩」，意即「大菩薩」）云何觀於内空……是内法空，謂無父母、怨親……所有財物；是内法中雖有佛性，而是佛性非内非外。所以者何？佛性常住，無變易故。是名菩薩摩訶薩觀於内空。」「外空」「内外空」，亦復如是。而且，涅槃還特别强調：「唯有如來、法、僧、佛性，不在二空。何以故？如是四法，常、樂、我、浄，是故四法不名爲空。」再看它對於

「無爲空」的解釋:「云何菩薩摩訶薩觀無爲空……佛(法、僧、佛性)等四法,非有爲,非無爲:性是善故,非無爲;性常住故,非有爲。是名菩薩觀無爲空。」可以看出,涅槃講

「空」是有限制的,它所「空」的,只是一些世俗事物;至於「佛性」(甚至佛、法、僧三寶),則是「常、樂、我、浄」,是「不名爲空」的。可見,涅槃一類的大乘經典所講的「空」,只是一種特稱否定;也就是説,它只空現象,不空本體。彼岸性的本體,是「常、樂、我、浄」的,是絶不能「空」的。慧能所承受的,正是這種思想(而絶不是什麽「一切皆空」的般若思想)。他初見弘忍時的答問,他那「佛性常清浄」的得法偈語,以及貫穿於全部壇經的「真心」一元論——「佛性」論思想,都清楚地表明了他的這一思想特點。必須指出,般若空宗,同涅槃一類經典的佛性論思想,是分屬於性質不同的兩種思想體系的,絶不能把這兩者混同起來,如果把它們混同起來,那就等於混同「空」「有」兩宗!

那麽,慧能在其壇經裏,不是確也一再地援引金剛般若來向他的弟子們説法嗎?這又應該作何解釋?這並不難解釋。慧能之與金剛,用慧能的話説,那是慧能轉金剛,而不是金剛轉慧能。也就是,慧能是在用他的「佛性」論思想來理解金剛,是「我注金剛」,而不是「金剛注我」。他是在以「有」解「空」,化「空」爲「有」(這種情況,在佛教史上是不乏先例的。較突出的,如天台之釋三論,玄奘之會有、空);是金剛慧能化,而不是慧能金剛

化。就拿爲後人所竄改的「本來無一物」這句偈語來説罷，千百年來，人們認爲這就是慧能的思想。其實，只能説它是被誤解了的般若思想，而絶不能説它是慧能的思想。我們説「本來無一物」這句偈語所反映的，是被誤解了的般若思想，是因爲所謂「本來無一物」，其實不過是「本無」思想的重複：而「本無」一詞，乃是「性空」一詞的不確切的譯語，它是初期譯經中受了老莊（以及玄學）思想影響的產物。因爲，「性空」是説宇宙萬有只有假象，並無「自性」，亦即所謂「緣起有，自性空」——「緣起性空」。它比較準確地表達了般若系的基本思想。而「本無」一詞，就易使人產生誤解，以爲它是主張什麽都没有（同時，它又容易令人把「無」誤解爲「本體」——所謂「無在萬化之前」「從無出有」等説法，便是這種誤解的表現）。其實，般若系所空的，只是事物的「自性」（本體、體性），至於事物的現象，它是承認其爲「緣起有」（假有）的。所以，晉代般若系的「六家七宗」中主張「無在有先」「有在無後」的「本無宗」，就受到了羅什門下僧肇的批評：「本無者，情尚於無，多觸言以賓無……此直好無之談，豈謂順通事實，即物之情哉！」（肇論不真空論）本來，自從鳩摩羅什譯出般若、三論系的經論之後，「性空緣起」之説，已逐漸爲人們所了解，而帶有時代錯誤的「本無」説，也已不再爲人們所奉持了。不料，這種由於誤解而產生的思想，竟又出現在壇經裏。它不僅是同「佛性」論思想背道而馳的，而且也是同般若系的「性空」之説不相符合的。可見，壇經的首竄者，不僅不了解「佛性」論，而且也不了解「性空」說。

至於「本來無一物」這句話，早在宋代就已有人對它提出過非議了。宋代禪僧黄龍悟新，曾經直截了當地諷刺慧能（因爲悟新也誤信這句話真的是慧能説的了）説：「六祖當年不丈夫，倩人書壁自塗糊。明明有偈言『無物』，却受他家一鉢盂！」（見宗杲正法眼藏卷一。詳見拙著宋元佛教第一章第四節宋代禪宗）悟新諷刺慧能：一方面倩人書偈，宣稱「本來無一物」，而同時却又接受弘忍傳授給他的一隻鉢盂（這也是據晚出的壇經而説的），難道這鉢盂不也是「一物」嗎？另一禪僧法演還説過：「有物先天地，無形本寂寥，能爲萬象主，不逐四時凋。」（古尊宿語録卷二二，詳見拙著同上書）「有物先天地」，這不也是同「本來無一物」的思想針鋒相對的嗎？明代的名僧真可，曾明確宣稱：佛門並非「空門」。他説：「世之不知佛、菩薩心者，於經論中見其熾然談空，遂謂佛以空爲道，牓其門曰『空門』。殊不知衆生『有』病若愈，則佛、菩薩之『空』藥亦無所施；『空』藥既無所施，又以妙藥治其『空』病。然衆生膠固根塵之習，雖賴『空』藥而治，『空』病一生，苟微佛、菩薩之妙藥，則『空』病之害，害尤非細。世以佛門爲『空門』者，豈真知佛心哉？」（見紫柏全集卷一）「『空』病之害，害尤非細。」這就是説，如果執認佛門爲「空門」，其爲害也，甚於執「有」！明代的另一名僧德清，還提出了「空非絶無」的命題。他説：「所謂空，非絶無之空，正若俗語謂『傍若無人』，豈傍真無人耶？第高舉著眼中不有其人耳……佛説『空』字，乃破世人執著以爲實有之謂，非絶無、斷滅之謂也……是所無者妄心耳，豈絶無真心哉！何以爲妄心耶？境執著不化者是；何以爲真心？不取身心境界之相，了了常知，靈然寂照者是……斯則但情不附物，物豈礙人？物既不能礙人，人又何礙於物耶？」（見憨山夢游全集卷一二示周子寅）「所無者妄心耳，豈絶無真心哉」，這清楚地表明了，佛教（自然是主張「真心」一元論——「佛性」論的大乘佛教）所謂的「空」「無」，只是就「妄心」（應該還有「妄境」）而説的；若夫「真心」（以及「真境」），則絶非「絶無」的。明乎此，則物、我無礙，人、物交融，處染常净，其樂無窮。可以看出，悟新、法演、真可、德清所表達的這種觀點，正是從慧能那裏一脈相承下來的「真心」一元論——「佛性」論的觀點。單就這一根本之點説來，自慧能以至後來的禪宗各家，確乎是基本相同的。雖然有人對這一思想妄加竄改，而且還産生了頗爲廣泛的、混淆視聽的影響，但是，他們並不能從根本上做到這一點。因爲，時移勢易，般若的虚無主義思想，在中國的古代社會裹，没有得以滋生的適宜土壤（除了魏晉之際，也正是由於時代的原因，它曾一度同玄學思想互相影響而得到一個時期的傳播），隋唐之後，尤其如此。慧能及其禪宗之所以能够傳之長久，正是由於他們所宣揚的那一套「真心」一元論——「佛性」論思想適應了時代的需要！

這裏，需要順便説明一個問題。歷來傳説，自達磨以至道信，都是以楞伽印心；到了弘忍，改成了以金剛印心。其實，這都不過是一些宗教傳説而已，並不一定確是史實。爲了説明問題，讓我們從神會語録裏節引一些資料，以資參證。在神會語録（據鈴木貞太郎、公田連太郎校訂本）第五〇至五五節裏，有如下的記載：「達摩大師乃依金剛般若經，説如來知見，授與慧可……大師云：『金剛經一卷，直了成佛。汝等後人，依般若觀門修學，不爲一法，便是涅槃；不動身心，成無上道。』」「北齊可禪師……時年四十，奉事達磨，經於九年，聞説金剛般若波羅經，言下證如來實無有法即佛菩提。」「於時璾禪師（按：「璾」係「璨」字的俗寫）奉事，首末六年，依金剛經，説如來知見，言下便悟；受持、讀誦此經，即爲如來知見。」「於時信禪師，年十三，奉事經九年，師依金剛經，説如來知見，言下便證實無有衆生得滅渡者。」「於時忍禪師，年七歲，奉事經三十餘年，依金剛經，説如來知見，言下便證最上乘法，悟寂滅忍。」「於時能禪師，奉事經八個月，師依金剛經，説如來知見，言下便證……能禪師過嶺至韶州，居漕溪，來住（按：「住」，疑當作「往」）四十年，依金剛經，重開如來知見。四方道俗，雲奔雨至，猶如月輪處於虛空，頓照一切色像。」按照這一説法，則從達磨以至弘忍，都是「依金剛經，説如來知見」。原來流傳的那種以楞伽相傳授的説法，就這樣被輕易地否定了。胡適據此得出結論説：「神會很大膽的全把金剛經來替代了楞伽經。楞伽宗的法統是推翻了，楞伽宗的『心要』也掉換了。所以慧能、神會的革命，不是南宗革了北宗的命，其實是一個般若宗革了楞伽宗的命。」（見胡適論學近著第一集上册楞伽宗考一文的結尾）根據神會（或者神會系統的人）的虛構，胡適還虛構出了一個「般若宗」（和「楞伽宗」）。慧能的禪宗，居然變成了「般若宗」！如果説神會是「很大膽」的話，那麽，胡氏也够「很大膽」的了！這些「很大膽」的神話，向我們表明：原來的那種楞伽印心説，固然只不過是一種宗教傳説；而後來的那種金剛印心説，同樣也不過是一種宗教傳説而已！

三

禪宗，不但在中國佛教史上，而且在中國哲學史上，都具有着重要地位和深遠影響；而壇經，則可説是禪宗的「宗經」——禪宗的基本理論陣地，於此可以想見壇經在禪宗史（以及佛教史、哲學史）上所具有的非同尋常的地位和影響。

人們知道，慧能去世之後，壇經幾經竄改，因此，也就相繼出現了幾種不同本子的壇經。

胡適在其壇經考之一裏說：「我曾細細校勘壇經各本，試作一圖，略表壇經的演變史」（見胡適論學近著第一集上册，頁二九九）：

壇經古本（敦煌寫本）
曹溪大師別傳
──（一〇五六）宋至和三年　契嵩三卷本〔一〕──（一二九一）元至元辛卯　宗寶增改本──明藏本

在這個圖（其實，它是表而不是圖）裏，明藏本，只是一種不同的版本，並非獨立的壇經本子（而且，明藏本壇經並非一種，只提明藏本，也太籠統。同時，胡適又說：「明藏本即是契嵩改本。」則所謂明藏本也者，其實就是指的契嵩本。如此，不稱契嵩本而稱明藏本，尤爲不妥）。曹溪大師別傳也不能同壇經並列，因爲它並不是一種不同本子的壇經。剩下的，就是敦煌寫本（法海本）、契嵩本和宗寶本的三種不同本子的壇經了。其實，除此之外，還有一個被胡適稱之「是人間第二最古的壇經」（壇經考之二，見同上書頁三〇九）的「惠昕真本」壇經，胡氏却没有把它列入「圖」內。在爲表明壇經的演變史而作出的幾種

〔一〕胡氏此說，乃是根據宋郎簡六祖壇經序裏所說的「更二載，嵩果得曹溪古本，校之，勒成三卷」而言。但現存的契嵩本壇經，只有一卷，三卷本的契嵩本壇經，人們没有見過，恐怕連胡適本人也不曾見過。

不同本子的壇經的圖表裏，竟然没有「人間第一最古的」惠昕本壇經，這不能不説是一種嚴重疏漏。

印順法師在其中國禪宗史〔一〕第六章壇經之成立及其演變第三節壇經的變化裏説：「壇經的各種本子，從大類上去分，可統攝爲四種本子：敦煌本，古本，惠昕本，至元本。」（頁二七二）敦煌本，即敦煌寫本，亦即法海本。印順説它雖「已不是壇經原型」（頁二四七），但却是壇經「現存各本中最古的」（頁二六六）；特别是關於慧能事蹟的記載，「最爲古樸」（頁二七七）。而所謂「古本」，則「一定是將别傳的傳説，編入壇經而成。同時，慧能與弟子的問答機緣，傳説在當時的，也採録進去，成爲繁雜的古本……這雖被稱爲『古本』，而成立的時代，要比敦煌本（七八〇—八〇〇），别傳（七八一），寶林傳（八〇一）遲些。」（頁二七八）這一「古本」，是從古人記述中知道其存在的（頁二七六）。至元本，實則包括「參考古本而改編成的」，它「所依的底本，近於敦煌本」（頁二七四）。惠昕本，係德異本和宗寶本。在這四種本子裏，没有契嵩本（但在叙述中，却也談到了契嵩校改壇經

〔一〕早已聞知中國禪宗史問世，却始終無緣讀到。近承中國社會科學院世界宗教研究所羅炤同志代爲輾轉從上海社會科學院宗教研究所業露華同志處借得一册，捧讀之餘，獲益良多！

的事實）。

日本學者忽滑谷快天在其禪學思想史（上卷）第十一章六祖慧能與其宗風第二節壇經三本之不同裏，根據宗寶本壇經跋中所説的「續見三本不同」的話，也提到了「壇經三本之不同」，却未具體説明這三本壇經究何所指。

另一位日本學者宇井伯壽在其禪宗史研究一書的第一章壇經考裏，表列壇經有十八九種之多，其中，除西夏語譯本係一譯本之外，絶大部份都不過是一些不同版本或校改、傳抄本，真正獨立的壇經本子，仍不外乎敦煌本（法海本）、惠昕本、契嵩本和宗寶本這四種本子。宇井氏還指出：在現今的壇經裏，大體可以分爲敦煌本、惠昕本、德異本——宗寶本的三個系統。其中，德異本（又稱延祐寺本），宇井説它「亦即曹溪原本」。其實，所謂德異本者，不過是契嵩本的又一種傳抄本而已〔一〕。則「三個系統」云者，實則應爲四個系統。

日本還有一種被稱爲「真福寺本壇經」（它是由伊藤隆壽氏在日本真福寺文庫裏發現的），它其實不過是惠昕本壇經的又一種刊本。石井修道氏在爲發表這本壇經所作的介

〔一〕近承中國社會科學院世界宗教研究所楊曾文同志以在日本複製的德異本壇經一册見贈，經核對，方才知道它完全是契嵩本壇經的一種傳抄本。筆者在撰寫壇經對勘時，因尚未曾見到這個本子，所以不知道它究屬何本；現在見到它的複製本，知道了它並非獨立的壇經本子。

紹中，提出了如下的「六祖壇經異本系統圖」（見伊藤隆壽氏發現之真福寺文庫所藏之六祖壇經之紹介一書頁八〇）：

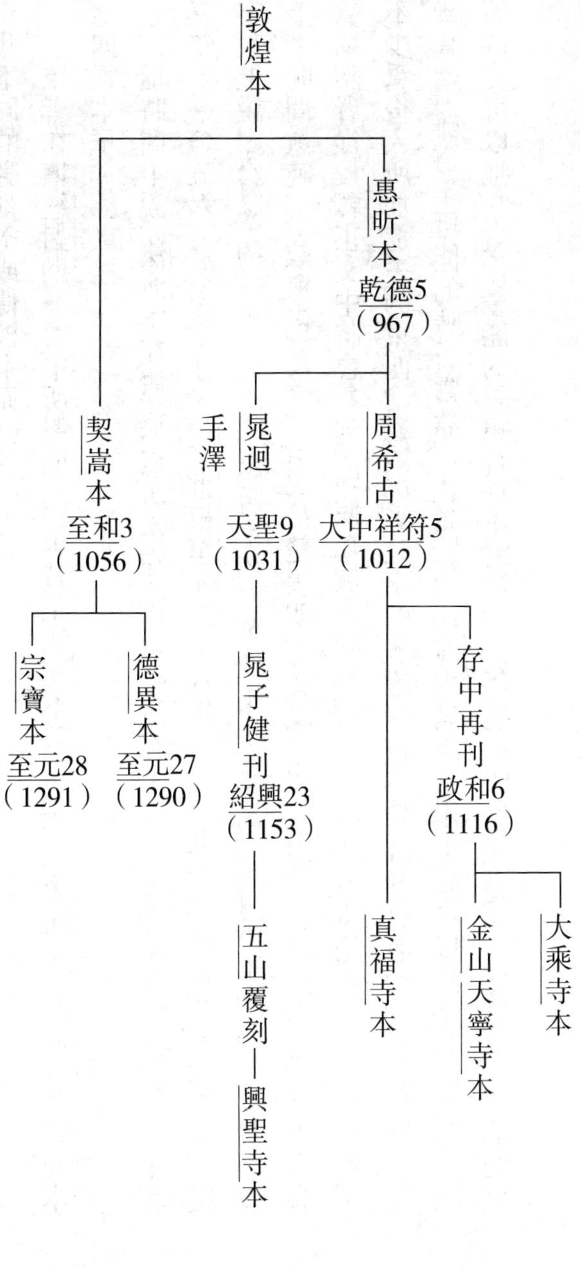

這個圖表裏所列的壇經本子，共達十四種之多。其實，真正獨立的壇經本子，仍不外乎敦

煌本（法海本）、惠昕本、契嵩本和宗寶本這四種本子；其餘的，都不過是這四種本子中的一些不同的翻刻本或傳抄本而已。

筆者在壇經對勘一書中所對勘的，也就是法海本（敦煌本）、惠昕本、契嵩本和宗寶本這四種本子〔一〕。

從時間上説，法海本在唐代，惠昕本在晚唐（一説在宋初），契嵩本在北宋（仁宗至和三年——一〇五六），宗寶本在元代（世祖至元二十八年——一二九一），前後相去幾百年。從字數上説，法海本約一萬二千字，惠昕本約一萬四千字，契嵩、宗寶兩本則均在二萬字以上。時間愈晚，字數愈多。這一情況清楚表明，愈是晚出的壇經，就竄改愈多，就愈多私貨！讀者從校釋正文中將會看到，即使在被公認爲「最古」的法海本壇經裏，也已經有了不少爲後人所加進去的東西，更何况乎晚出的壇經！古本壇經尚且有假，晚出壇經反而皆真，這難道是可能的嗎？當然，比較起來，法海本壇經基本上確可以説是慧能語録（因而確實可以把它當作慧能的思想實録來看待）。至於惠昕以後的各本壇經，從「慧能的壇

〔一〕當然，説壇經的四個本子，只是就目前情況（以及筆者的見聞所及）而言，將來完全有可能發現新的（甚至更古的）壇經本子，那樣，届時自當另作研究。

經」這一角度(如果它不是「慧能的壇經」而是「禪宗的壇經」,自然另當別論)説來,就不能不説它們在不少方面同慧能的思想是頗不相同的。其原因,就是由於惠昕特別是契嵩、宗寶等人,對壇經進行了竄改!

關於壇經是否曾爲人們所竄改,這在佛教史上早就有人言及了。據景德傳燈録卷二八南陽慧忠國師語的記載,慧忠就曾慨乎言之:「吾比游方,多見此色,近尤盛矣。聚却三五百衆,目視雲漢,云是南方宗旨,把他壇經改換,添糅鄙譚,削除聖意,惑亂後徒,豈成言教?苦哉!吾宗喪矣!」(按:這一段話,不見於宋高僧傳慧忠傳。指月録卷六南陽慧忠國師一文則也收入了。)慧忠死於唐代宗大曆十年(七七五),距慧能去世(唐玄宗先天二年—七一三),僅六十二年。如景德録所載屬實,則慧能去世幾十年之後,壇經即已爲人所改换。明僧袾宏一則説:「蓋壇經皆學人記録,寧保無訛?」(彌陀疏鈔卷四)再則説:「壇經皆他人記録,故多訛誤。」(竹窗三筆六祖壇經)明、清之際的王起隆,特别對宗寶本壇經提出了嚴厲批判:「竊謂宗寶之自用自專,大舛大錯,當以佛法四謗定之。佛祖建立一切法,後人增一字爲增益謗,減一字爲減損謗,紊一字爲戲論謗,背一字爲相違謗。四謗不除,即百非俱起,退衆生心,墮無間罪業,不通懺悔矣。宗寶之於壇經,按之四謗,實無所不有。數其大端:更竄標目,割裂文義,顛倒段絡,删改字句。其膽甚狂,其目甚眯。」王氏甚至要對宗寶「鳴鼓而攻之」！（詳見王氏重鋟曹溪原本法寶壇經緣起，載普慧大藏經四種壇經合刊本，本書附録節録了此文）胡適在對敦煌本（一二〇〇〇字）、惠昕本（一四〇〇〇字）和明藏本（按：即契嵩本，二一〇〇〇字）三本壇經的字數作了一個統計比較之後説：「這可見……禪宗和尚妄改古書的大膽真可令人駭怪了。」（胡適論學近著第一集上册壇經考之二）胡氏還説：「可知惠昕增添了許多很淺薄的禪宗濫調，而契嵩以後，多沿用他的改本。」（同上）「惠昕改動的地方，大致都是這樣添枝添葉的增加。但他也有删節原本的地方，也有改換原本各部份的次第的地方。」（同上）胡適最後得出結論説：「總之，惠昕本雖然有了不少的增改，但不失爲『去古未遠』之本，我們因此可以考見今本壇經的那些部份是北宋初年（按：胡適斷定惠昕本壇經是北宋初的本子）增改的，那些部份是契嵩和契嵩以後的人增改的。」胡適的這些話，反映了他還具有一定的歷史觀點，因而是有一定道理的（另一方面，胡適一口咬定壇經係神會作品，那自然是荒唐的）。印順在中國禪宗史一書裏，一則説：「壇經是先後集成的，並有過修改與補充。」（頁二四七）再則説：「從壇經原本到敦煌本，至少已有過二次重大的修補。此後流傳中的壇經，不斷的改編，不斷的刊行，變化是非常多的。」（頁二七二）甚至某些本子壇經的一些内容，竟然「大致與景德傳燈録相近」（頁二七五）。宇井伯壽的禪宗史研究壇經考裏，專門有一（第十)節，題爲壇經之變化，就上述慧忠的話作了分析，説明壇經確有很大的改變。在禪宗史研究壇經考第七節敦煌本與各本裏，宇井氏還特别指出：敦煌本壇經爲「最古」本的壇經，它是其後各本壇經的基礎。在以後各本的壇經中，由於都有很多的增改，所以，它們的内容，較之敦煌本壇經，都有明顯的不同。忽滑谷快天在談及三本壇經的不同時，也曾指出過：作爲「慧能語録」的壇經，由於傳寫時文字上的改换，以致在壇經裏存在着「玉石相混」的情況(見禪學思想史上卷第十一章第二節壇經三本之不同)。「玉石相混」，猶言「魚目混珠」。這一論斷表明，在壇經(尤其是晚出的壇經)裏，確有贋品和私貨！可見，壇經之曾被人們所竄改，乃是一種爲古今中外學者們所公認的歷史事實〔一〕，是無法抹煞的。〔二〕

〔一〕印順在中國禪宗史第六章第一節壇經的主體部份裏指出：「現存的壇經，應分别爲二部份：一、(原始的)壇經——壇經主體，是大梵寺開法的記録。二、壇經附録，是六祖平時與弟子的問答，臨終付囑，以及臨終及身後的情形。二者性質不同，集録也有先後的差别。在壇經的研究上，這是應該分别處理的。」(頁二四五)這種區分，是頗有啓發意義的。

〔二〕附帶一提：丁福保箋注壇經(書名六祖大師法寶壇經箋注)，所箋注者本是宗寶本壇經，而丁氏却署款爲「唐釋門人法海録」。冒宗寶本爲法海本，實在是一種很不嚴肅的作法。而且，按照佛教習慣，只宜稱「釋法海」，却不能稱「釋門人」，「釋門人」之稱是不通的。

四

應中華書局約，撰寫壇經校釋。因限於學力，囿於見聞，錯誤之處在所難免，尚望方家惠予指正。

郭朋　一九八二年五月

凡　例

一、本校釋以日本學者鈴木貞太郎、公田連太郎校訂的敦煌寫本——法海本壇經（收入日本大正新修大藏經裏的，是未分節段的原本；收入民國普慧大藏經裏的，則是鈴木、公田的校訂本）爲底本（以下簡稱鈴木校本），參照惠昕、契嵩、宗寶三個改編本壇經（分別簡稱惠昕本、契嵩本、宗寶本）進行校訂。惠昕本壇經，還有一個日本興聖寺的校改本，本校釋引用時，沿稱興聖寺本。

二、校訂方面：鈴木校本間或有不够確切的地方，則酌予指出和改正；個别該校改而該校本未加校改的，則酌予校改。

三、釋義方面：只對含有比較重要思想内容的句子、段落以及較爲重要的名詞、概念作必要的注釋；一般文句，或者略作説明，或者略而不釋，以免繁煩。

四、本校釋一般只釋法海本壇經；涉及重要思想内容的，則與惠昕等三本壇經的有關文句相對勘，以資比較。

五、對於壇經中所引經文，則必注明出處，以便於讀者查對原文。

六、本校釋以校爲先，以釋爲主。

七、壇經向鮮釋本，丁福保的六祖大師法寶壇經箋注，宗教意義大於學術意義，雖然不無可供參考之處，但可資借鑑者不多。某些日本學者的著作中還提到有六祖大師法寶壇經要解，可惜筆者還不曾看過此書。所以，本校釋在釋義方面無何可靠的藍本可憑，只能根據壇經內容擇要而釋。

八、有關文獻資料，附列於後，以資參閱。

參考書目

華嚴經
大般涅槃經
法華經
金剛經
維摩經
楞伽經
楞嚴經
梵網經
大乘起信論
成唯識論
神會語録
寶林傳
圓覺經疏鈔
禪源諸詮集都序
歷代法寶記
祖堂集
宗鏡録
宋高僧傳
景德傳燈録
傳法正宗記
五燈會元
雲棲法彙
紫柏全集
憨山夢游集
指月録

丁福保：六祖大師法寶壇經箋注
胡適：1神會傳；2壇經考之一（跋曹溪大師別傳）；3壇經考之二（記北宋本的六祖壇經）
印順：中國禪宗史
宇井伯壽：禪宗史研究
阿部肇一：中國禪宗史之研究
忽滑谷快天：禪學思想史
柳田聖山：初期之禪史二
篠原壽雄、田中良昭：敦煌佛典與禪
石井修道：伊藤隆壽氏發現之真福寺文庫所藏之六祖壇經之紹介

法海本壇經五十七節目録〔一〕

〔一〕這些節段及其標題係録自鈴木校本，供讀者參考；大正藏本尚未分節段。

二七、從一般若生八萬四千智惠
二八、持金剛經即見性入般若三昧
二九、小根之人聞法不悟，大智之人能修此行
三〇、一切萬法盡在自身中
三一、自心内善知識，般若三昧
三二、發大誓願，不退菩提，須分付此法
三三、無相滅罪頌
三四、修福與功德别
三五、西方去此不遠
三六、若欲修行，在家亦得；無相頌
三七、大師歸曹溪
三八、無壇經禀受，非南宗弟子
三九、南能北秀
四〇、志誠來參
四一、大師爲志誠説戒定慧

南宗頓教最上大乘摩訶般若波羅蜜經六祖惠能大師於韶州大梵寺施法壇經一卷〔一〕

兼受無相戒弘法弟子法海集記〔二〕

（一）惠能大師於大梵寺講堂中昇高座〔三〕，説摩訶般若波羅蜜法〔四〕，授無相戒〔五〕。原本授作受。其時座下僧尼、道俗一萬餘人〔六〕，韶州刺史韋璩〔七〕原本韋璩作等據。及諸官寮三十餘人，儒士三十餘人〔八〕，原本無三十二字。同請大師説摩訶般若波羅蜜法。刺史遂令門人僧法海集記，流行後代，與學道者承此宗旨，遞相傳授，有所依約，原本依作於。以爲稟承，説此壇經。

【校釋】

〔一〕壇經書題，名稱不一。惠昕本稱六祖壇經（二卷），契嵩本稱六祖大師法寶壇經曹溪原本（一卷），宗寶本稱六祖大師法寶壇經（一卷）。在其它一些有關文獻中，還有施法壇經、法寶壇經、壇經等稱謂。法海本（一卷）的這一名稱，文字冗長，含義混雜。對神秀一派的「北宗」禪，慧能一派稱爲「南宗」（按：一般認爲以慧能爲代表的禪宗，因起自嶺南，所以被稱爲

「南宗」。而以神秀爲代表的一派，因曾一度傳播於北方，所以被稱爲「北宗」。亦即所謂的「南能北秀」。其實，神秀一派衹是禪學，並非禪宗。印順在中國禪宗史（頁八五—八九）裏，則還指出：「禪宗的所以稱爲『南宗』，有遠源於南印度的特殊意義。」即傳説中的菩提達磨所傳的「南天竺一乘宗」，以及由南印度傳來的般若經論也被稱爲「南宗」等等。這些都算是「南宗」一詞的遠源。印順此説，可供參考）。對神秀一派的「漸修」，慧能一派稱爲「頓教」。「最上大乘」，既是形容摩訶般若波羅蜜經，又是形容慧能壇經。這裏，把摩訶般若波羅蜜經也插進壇經標題裏，是不倫不類的。因爲，如本書序言中所指出的，傳統佛教的般若思想，同慧能的思想是「空」「有」異趣，迥不相同的。把不同的兩種思想體系的東西硬給塞在一起，實在是一種拙劣的作法。以法施人，稱爲「施法」。漢書高帝紀上「於是漢王齊（按：齊，同齋）戒設壇場」句下，顏師古注謂：「築土而高曰壇，除地爲場。」説文：「壇，祭場也。」則所謂「壇」者，乃土臺、祭壇也。這裏所謂「壇」，則指法壇。佛教傳説，南北朝劉宋時，印僧求那跋陀羅（一説是求那跋摩）曾於此地建壇授戒（按：梁高僧傳卷三求那跋陀羅傳和求那跋摩傳裏，均未記載此事，可見這衹不過是一種傳説而已），謂之「戒壇」。慧能變「戒壇」爲「法壇」，於上説法。慧能門徒視能如佛，慧能法語猶如佛經，故稱壇經。韶州，今廣東曲江縣。大梵寺，在韶州城内，唐開元二年建，初名開元寺，後改名爲大梵寺。這算是慧能最初開山傳法的地方。

〔三〕景德傳燈録（以下簡稱景德録）卷五：「韶州法海禪師者，曲江人也。」壇經第四五節中所列十弟子之一。刺史韋璩特令法海負責記録，則法海當係當時慧能弟子中的佼佼者。「兼受無相戒」云者，法海身爲比丘，必當先受比丘戒，從慧能學禪，復受「無相戒」，故稱「兼受」。「無相戒」義，見下。

〔三〕惠能大師　「惠」，通「慧」；惠能，即慧能。

〔四〕説摩訶般若波羅蜜法　「摩訶」，「大」義；「般若」，智慧（自然是宗教意義的）；「波羅蜜」，譯爲「到彼岸」，有終極、究竟、徹底等含義。「摩訶般若波羅蜜法」，意即最究竟的大智慧之法。不過，這裏所謂的「摩訶般若波羅蜜法」，並非傳統佛教的般若教義，乃是如下文所反復表述的佛性論、頓悟説（詳見本書序言）。

〔五〕授無相戒　「無相戒」，意即「無相」之「戒」。下文（第一七節）所謂「無相者，於相而離相」。所以，所謂「無相戒」，亦即教人要「離相」，而不要「著相」。按照佛教的傳統教義，「戒」的基本含義有兩個方面：一爲「止惡」（叫做「止持」），即「諸惡莫作」；二爲「行善」（叫做「作持」），即「衆善奉行」。有惡可止，有善可行，表明都是有相的（民國時代，律僧弘一曾著比丘戒相表一書，廣列應行、應止的各種戒相）。既稱「無相」，又何「戒」之有！所以，「無相戒」云者，按照佛教的傳統教義是説不通的。而慧能却要與人們授「無相戒」，表明他確是在宣揚由他所開創的那種「教外别傳」的禪法。

〔六〕僧尼、道俗一萬餘人　「一萬餘人」，惠昕等三本均作「一千餘人」。

〔七〕刺史韋璩　韋璩其人，身世不詳。中國禪宗史説：「張九齡（曲江人）撰故韶州司馬韋府君墓誌銘説：韋司馬（名字不詳），『在郡數載』『卒於官舍』『開元六年冬十二月葬於（故鄉）少陵』（全唐文卷二九三）。這極可能就是韋璩。開元七年（七一九）葬，韋司馬在郡的時間，正是慧能的晚年及滅後。唐代官制，每州立刺史，而司馬爲刺史的佐貳。韋璩任司馬，或曾攝刺史，壇經就稱之爲刺史吧！」（頁二一八——二一九）

〔八〕儒士三十餘人　惠昕等三本均作「儒宗學士三十餘人」。

（二）能大師言：「善知識〔一〕！浄心念摩訶般若波羅蜜法。」

大師不語，自浄心神〔二〕，良久乃言：

善知識浄聽，惠能慈父〔三〕，本官范陽〔四〕，左降遷流嶺南，原本無嶺字。作新州百姓〔五〕。原本無作字。惠能幼小，父又早亡〔六〕，原本又作小。老母孤遺，移來南海，原本無南字。艱辛貧乏，原本乏作之。於市賣柴。原本賣作買。忽有一客買柴，遂領惠能至於官店，客將柴去，惠能得錢，却向門前，忽見一客讀金剛經〔七〕，惠能一聞，心明便悟，原本明作名。乃問客曰：原本問作聞。「從何處來持此經典？」客答曰：「我於蘄州黄梅縣東馮墓山〔八〕，原本縣作懸。禮拜五祖弘忍和尚〔九〕，見今在彼〔一〇〕，原本今作令。門人有千餘衆。我於彼聽見大師勸道俗，但持金剛經一卷，原本持作特。即得見性〔一一〕，直了成佛。」惠能聞説，宿業有緣，便即辭親〔一二〕，往黄梅馮墓山，禮拜五祖弘忍和尚。

【校釋】

〔一〕善知識　這裏的「知識」，不是通常意義上的知識，而是一種人稱。在佛教文獻裏，通常把具有較高的道德學問的僧人（以及某些居士）稱之爲「善知識」。它的含義，在一定的意義上説來，略近似於現代所謂的「導師」或「高級知識份子」。而在這裏，則是慧能對他的聽衆們的帶有一些恭維性質的泛稱。

〔二〕自淨心神　惠昕本作「自淨其心」。

〔三〕惠能慈父　法海六祖大師緣起外紀：「父盧氏，諱行瑫。」

〔四〕本官范陽　意謂慧能的父親原是在范陽做官的。但從神會語録「能禪師……俗姓盧，先祖范陽人也」的記載出現之後，范陽便由慧能的父親曾經在那裏做過官的地方，變成了慧能本來的籍貫了。惠昕本（契嵩本、宗寶本因之）壇經帶頭，改「官」爲「貫」：「惠能嚴父，本貫范陽。」此後，宋高僧傳卷八慧能傳：「釋慧能，姓盧氏……其本世居范陽。」景德録卷五慧能傳：「慧能大師者，俗姓盧氏，其先范陽人。」都把范陽説成是慧能的原籍了。但從下句「左降遷流嶺南」看來，則「本官范陽」似乎要更通一些。鈴木校本作「本貫范陽」，這裏仍依原本。范陽，今北京大興、宛平一帶。

〔五〕左降遷流嶺南，作新州百姓　六祖大師緣起外紀：「唐武德三年九月，左官新州。」宋高僧傳卷八慧能傳：「厥考諱行瑫，武德中，流於新州百姓，終於貶所。」景德録卷五慧能傳：「父行瑫，武德中，左宦於南海之新州，遂佔籍焉。」嶺南，指五嶺以南一帶。新州，今廣東新興縣。

〔六〕父又早亡　景德録卷五慧能傳：「三歲喪父。」

〔七〕忽見一客讀金剛經　祖堂集卷二第三十三祖惠能和尚傳：「(能)偶一日買(按：「買」，應作「賣」)柴次，有客姓安名道誠，欲賣(按：「賣」，應作「買」)能柴，其價相當，送將至店，道誠與他柴價錢，惠能得錢，却出門前，忽聞道誠念金剛經，惠能亦(按：「亦」，應作「一」)聞，心便開悟。惠能遂問：『郎官，此是何經？』(按：上面已説『忽聞道誠念金剛經』，這裏却又問道『此是何經』，豈不矛盾！)道誠云：『此是金剛經。』惠能云：『從何而來讀此經典？』道誠云：『我於蘄州黄梅縣東馮母山，禮拜第五祖弘忍大師，今現在彼山説法，門人一千餘衆，我於此處聽受。大師勸道俗受持此經，即得見性，直了成佛。』惠能聞説，宿業有緣，其時道誠勸惠能往黄梅山禮拜五祖。惠能報云：『緣有老母，家乏欠闕，如何抛母，無人供給。』(按：如此説來，並非惠能主動要去黄梅的。)其道誠遂與惠能銀一百兩，以充老母衣糧，便令惠能往去禮拜五祖大師。惠能領得其銀，分付安排老母訖，便辭母親。不經一月餘日，則到黄梅縣東馮母山禮拜五祖。」按：法海本壇經裏的「一客」，除付柴錢，分文不肯多給；惠昕等三本裏的「一客」，均「取銀十兩與惠能」，而祖堂集裏的安道誠，竟然增加到「銀一百兩」。

〔八〕我於蘄州黄梅縣東馮墓山　「蘄」(普慧藏本作「新」，誤)，音其。蘄州，治蘄春，即今湖北蘄春縣治。黄梅縣，故治在今湖北黄梅縣西北。馮墓山，應爲馮茂山，在黄梅縣之東北境。弘忍先住黃梅縣西南之東禪寺，後又於馮茂山結庵而居。因該山在黃梅縣之東北，禪宗史上便稱弘忍之禪爲「東山法門」。因弘忍成了禪宗五祖，馮茂山在佛教史上又被稱之爲五祖山。

〔九〕禮拜五祖弘忍和尚　宋高僧傳卷八弘忍傳：「釋弘忍，姓周氏，家寓淮左潯陽，一云黃梅人也。」景德録卷三弘忍傳：「弘忍大師者，蘄州黃梅人也，姓周氏。」按：「淮左潯陽」之説不確。淮左，即淮水之東，淮揚一帶，均爲淮東，屬江蘇境。而潯陽（江、郡、縣），即江西九江。

〔一〇〕見今在彼　「見」，同「現」。

〔一一〕我於彼聽見大師勸道俗，但持金剛經一卷，即得見性　「持金剛經」「即得見性」。這個客人，顯然是壇經的編纂（記録）者按照慧能的思想模子構造出來的。因爲金剛經講「空」，並未講「性」（般若「性空」之説，意亦在「空」，而不在「性」）；聞經「見性」，這是慧能的禪宗思想，而不是金剛般若思想。這裏的「忽見一客讀金剛經」，以及下文的弘忍於「夜至三更，喚惠能堂內，説金剛經」，都祇具有宗教意義，並不具有歷史意義（如果説它也具有什麽歷史意義的話，那祇不過是魏晉以來般若之學曾經在南方盛行過的殘餘影響的虛假反映而已）。

〔一二〕便即辭親　祇因「宿業有緣」，聞説之後，「便即辭親」，拔腿就走，竟置別無依靠的老母於不顧，實在是大有違於孝道。所以惠昕本就改成了：「惠能聞説，宿業有緣，乃蒙一客取銀十兩與惠能，令充老母衣糧，教便往黃梅禮拜五祖。惠能安置母畢，便即辭親，不經三二十日，便至黃梅，禮拜五祖。」（契嵩本、宗寶本與惠昕本同，祇是把「不經三二十日」，又改爲「不經三十餘日」。）不過，區區十兩銀子，又能充得幾時衣糧！倒是祖堂集的兩位作者更講究孝道一些，他們讓那位客人安道誠「遂與惠能銀一百兩，以充老母衣糧」。紋銀百兩，差可贍養老母終身了。

（三）弘忍和尚問惠能曰：「汝何方人？來此山禮拜吾，汝今向吾邊復求何物？」惠能答曰：「弟子是嶺南人，原本嶺作領。新州百姓。今故遠來禮拜和尚，不求餘物，唯求作佛〔一〕。」大師遂責惠能曰：「汝是嶺南人，原本嶺作領。又是獦獠〔二〕，若爲堪作佛！」惠能答曰：「人即有南北，佛性即無南北；原本性作姓。獦獠身與和尚不同，佛性有何差別〔三〕！」原本性作姓，差作羌。大師欲更共語〔四〕，見左右在傍邊，大師更不言。遂發遣惠能令隨衆作務。時有一行者〔五〕，遂差惠能於碓坊，踏碓八箇餘月。

【校釋】

〔一〕唯求作佛　原本作「唯求佛法作」。惠昕等三本均作「唯求作佛」（契嵩本、宗寶本「唯」作「惟」）。對照下文弘忍責備惠能説「汝是嶺南人，又是獦獠，若爲堪作佛」的話看來，應是「唯求作佛」，「法」字乃衍文。

〔二〕又是獦獠　「獦」，亦作「猲」，音葛，獸名。説文：「猲，短喙犬也。」「獠」，音聊。説文：「獠，獵也。」則「獦獠」者，當是對以携犬行獵爲生的南方少數民族的侮稱。黄山谷過洞庭青草湖詩：「行矣勿遲留，蕉林追獦獠。」這裏的「獦獠」，既指野獸，又指獵人。慧能見弘忍時，當是穿着南方少數民族服裝，所以也被弘忍侮稱之爲「獦獠」。

〔三〕獦獠身與和尚不同，佛性有何差別　慧能的這一回答，已顯示出他確乎是一個佛性論者。

〔四〕大師欲更共語　原本「語」作「議」。鈴木校本此句下有校注云「議恐當作語」。按：惠昕本作「大師更欲共惠能久語」，契嵩本作「祖更欲與語」，宗寶本作「五祖更欲與語」，則「議」確當作「語」，今改。

〔五〕時有一行者　入寺而尚未正式落髮爲僧、承擔勞役、服侍僧衆的人，稱爲「行者」。

（四）五祖忽於一日喚門人盡來，門人集訖〔一〕，五祖曰：「吾向汝說，原本汝作與。世人生死事大〔二〕，汝等門人，終日供養〔三〕，祇求福田〔四〕，不求出離生死苦海〔五〕。汝等自性迷〔六〕，原本性作姓。福門何可救汝〔七〕。汝總且歸房自看，有智惠者，原本智作知。自取本性般若之知〔八〕，原本自作白，性作姓，之知作知之。各作一偈呈吾。吾看汝偈，若悟大意者〔九〕，原本悟作吾。付汝衣法，禀爲六代。火急急！」

【校釋】

〔一〕門人集訖　「集訖」原本作「集記」。按：「記」，當係「訖」字之誤。鈴木校本改「集記」爲「已集」，似可不必。

〔二〕世人生死事大　世間之人，當以追求解脱、超脱生死爲本份大事。這是弘忍教導他的門徒們，都要厭離人世，期求解脱。正是基於這種觀點，所以佛教徒一般都成了厭世主義者。

〔三〕終日供養　這句話本應理解爲終日受人供養，可是同下面「祇求福田」的一句話聯繫起來看，則又可理解爲「終日供養」佛、法、僧三寶。

〔四〕祇求福田　供養三寶可以生福，猶如田地能長禾稼。生福之田，稱爲「福田」。其實，供養三寶是爲求福，非求福田，「祇求福田」，語意不確。

〔五〕不求出離生死苦海　這是弘忍責備他的門徒：祇求世間福，不求出生死。佛教認爲：人世生死，苦深如海。

〔六〕汝等自性迷　「汝等自性迷」，猶言「你們迷失自性」。這裏的「自性」——本性，乃指佛性，而非人性。

〔七〕福門何可救汝　「門」，疑爲「田」字之誤。「福田何可救汝？」猶言你們這些迷失了本來具有的佛性的人們，即使廣求福田，又如何救得了你們出生死、得解脱呢？鈴木校本對於這句話的校訂爲：「福何可救（原本福下有門字，衍）。」没有「門」「汝」兩字。查大正藏本壇經原文爲：「福門何可救汝？汝總且歸房自看。」鈴木將兩「汝」字改作「汝等」，屬下句：「汝等總且歸房自看（原本等作汝）。」壇經對勘尚依鈴木校本斷句。現在看來，上一「汝」字，連在上句爲妥。

〔八〕自取本性般若之知　「知」，同「智」。「自取本性般若之智」，猶言你們應該各自體認本來具有的智慧。「般若」就是「智慧」,「般若之智」,乃同義反復。

〔九〕若悟大意者　這裏的「大意」,不是一般意義上的「大意」,而是指的「佛性」大意。「若悟大意者」,實謂「若悟佛性者」。

(五)門人得處分,却來各至自房,原本自作白。遞相謂言:「我等不須澄心用意作偈將呈和尚〔一〕。原本澄作呈。神秀上座是教授師,秀上座得法後,自可依止,原本依作於。偈不用作。」原本偈作請。諸人息心,盡不敢呈偈。時大師堂前〔二〕有三間房廊,於此廊下供養,欲畫楞伽變〔三〕,並畫五祖大師傳授衣法,流行後代爲記。畫人盧珍看壁了,明日下手。

【校釋】

〔一〕將呈和尚　「和尚」,指弘忍。

〔二〕大師堂前　「大師」,指弘忍。

〔三〕欲畫楞伽變　「楞伽變」,即佛教傳説中的釋伽宣説楞伽經時的故事畫。這句話的意思是:弘忍想請畫師把佛説楞伽經時的故事,畫在法堂之前的三間房廊的牆壁上,以爲信徒們的供養對象,也就是讓信徒們對它進行禮敬供養。

（六）上座神秀〔一〕思惟：「諸人不呈心偈，緣我爲教授師，原本教作撽。我若不呈心偈，五祖如何得見我心中見解深淺。我將心偈上五祖呈意，求法即善，原本求法即善作即善求法。覓祖不善，却同凡心奪其聖位〔二〕。若不呈心偈，原本無偈字。終不得法。」原本終作修。良久思惟，甚難甚難，甚難甚難。原本甚難甚難，甚難甚難作甚甚難難，甚甚難難。夜至三更，不令人見，遂向南廊下中間壁上題作呈心偈，欲求衣法。原本衣作於。「若五祖見偈，言此偈語，若訪覓我，我宿業障重，原本業作葉。不合得法，聖意難測〔三〕，我心自息。」原本自作白。秀上座三更於南廊下中間壁上秉燭題作偈，人盡不知。原本知作和。偈曰：

身是菩提樹，心如明鏡臺，時時勤拂拭，原本拂作佛。莫使有塵埃〔四〕。

【校釋】

〔一〕上座神秀　宋高僧傳卷八神秀傳：「釋神秀，俗姓李氏，今東京尉氏人也。少覽經史，博綜多聞。既而奮志出塵，剃染受法。後遇蘄州雙峰東山寺五祖忍師，以坐禪爲務，乃歎伏曰：『此真吾師也。』決心苦節，以樵汲自役而求其道……秀既事忍，忍默識之，深加器重，謂人曰：『吾度人多矣，至於懸解圓照，無先汝者。』」景德録卷四神秀傳：「北宗神秀禪師者，開封尉氏人也，姓李氏。少親儒業，博綜多聞。俄捨愛出家，尋師訪道，至蘄州雙峰東山寺，遇五祖忍師，以坐禪爲務，乃歎伏曰：『此真吾師也。』誓心苦節，以樵汲自役而求其道。忍默識之，深加器重，謂之曰：『吾度人多矣，至於悟解，無及汝者。』」神秀時爲弘忍門下的上首弟子。

〔二〕却同凡心奪其聖位　意謂呈偈弘忍，乃爲求法；若爲謀做禪宗的一代祖師，那就等於以凡愚之心奪取「聖位」，那就是不善的了！

〔三〕若五祖見偈……聖意難測　此句鈴木校本作「若五祖見偈言」。並加校注説：「若五祖見偈言云云，有脱文。興聖寺本曰：『神秀思惟：五祖明日見偈歡喜，出見和尚，即言秀作；若言不堪，自是我迷，宿業障重，不合得法。聖意難測。』」按：「言」字應屬下句：「言此偈語。」惠昕本（契嵩本、宗寶本因之）則作：「秀乃思惟：不如向廊下書著，從他和尚看見，忽若道好，即出頂禮，云是秀作；若道不堪，枉向山中數年，受人禮拜，更修何道！」

〔四〕莫使有塵埃　「有」，一作「惹」。這一偈語，雖使神秀失去了充當弘忍繼承人的資格，但却成了北宗一派的開端。所以，在佛教史上説來，它的關係自也非同小可。另，據景德録卷四神秀傳記載，神秀後來還有如下的「示衆」偈文：「一切佛法，自心本有，將心外求，捨父逃走！」則其意境已很接近於慧能的見解了。

（七）神秀上座題此偈畢，歸房卧，並無人見。五祖平旦遂喚盧供奉來南廊下，原本喚作換。畫楞伽變。五祖忽見此偈，請記〔一〕，乃謂供奉曰：「弘忍與供奉錢三十千〔二〕，深勞遠來，不畫變相也。金剛經云：『凡所有相，皆是虛妄。』〔三〕不如留此偈，原本留作流。令迷人誦。依此修行，不墮三惡〔四〕，依法修行人，有大利益。」

大師遂喚門人盡來，焚香偈前，令衆人見，原本令作人。皆生敬心。「汝等盡誦此偈者〔五〕，方得見性；原本性作姓。依此修行，原本依作於。即不墮落。」門人盡誦，皆生敬心，喚言「善哉」！

五祖遂喚秀上座於堂内，原本祖作褐。問：原本問作門。「是汝作偈否？若是汝作，應得我法。」秀上座言：「罪過！實是神秀作。不敢求祖，願和尚慈悲，看弟子有小智惠，識大意否？」五祖曰：原本祖作褐。「汝作此偈，見即未到，原本未作來。祇到門前，尚未得入。凡夫依此偈修行，原本依作於。即不墮落；作此見解，若覓無上菩提，即未可得。須入得門，見自本性。原本自作白，性作姓。汝且去，一兩日來思惟，更作一偈來呈吾，若入得門，見自本性，原本自作白，性作姓。當付汝衣法。」秀上座去數日，作不得。

【校釋】

〔一〕請記　疑爲「讀訖」之誤。

〔二〕與供奉錢三十千　惠昕本：「輒奉十千。」契嵩本、宗寶本：「勞爾遠來。」空有口惠，一文不給。

〔三〕凡所有相，皆是虚妄　語見金剛經如理實見分第五。「相」謂形體、相狀之義。不實爲虚，不真爲妄。意思是説：凡是有形體、相狀的，都是不真實的，因而都是空的。

〔四〕不墮三惡　「三惡」，即三惡道，指地獄、餓鬼、旁生。佛教宣揚「六道」輪迴。「六道」中的天、人、阿修羅（意爲「非天」，即有天福而無天德者）稱爲「三善道」，地獄、餓鬼、旁生（即除人以外的一切動物）稱爲「三惡道」。

〔五〕汝等盡誦此偈者　鈴木校本作「汝等盡誦此，悟此偈者」，並加校注云：「原本無悟此二字。」這是根據惠昕本校改的。惠昕本：「汝等盡須誦此，悟此偈者，即得見性。」契嵩本、宗寶本則作：「盡誦此偈，即得見性。」比較起來，不加「悟此」二字，更通順些。

（八）有一童子於碓坊邊過，唱誦此偈，惠能一聞，知未見性，原本性作姓。即識大意。能問童子〔一〕：「適來誦者，是何言偈〔二〕？」童子答能曰：「爾不知大師言，生死事大，原本事作是。欲傳衣法，原本衣作於。令門人等各作一偈來呈看，悟大意，即付衣法，禀爲六代祖。原本祖作褐。有一上座名神秀，忽於南廊下書無相偈一首，五祖令諸門人盡誦，原本祖作褐。悟此偈者，即見自性；原本自作白，性作姓。依此修行，即得出離。」惠能答曰：「我在此踏碓八箇餘月，原本無在字。未至堂前，望上人引惠能至南廊下，見此偈禮拜，亦願誦取，結來生緣，願生佛地。」童子引能至南廊下，能即禮拜此偈，爲不識字，請一人讀〔三〕，惠能聞已，原本無能字，聞作問。即識大意。惠能亦作一偈，又請得一解書人〔四〕，於西間壁上題着〔五〕：呈自本心，不識本心〔六〕，學法無益；識心見性〔七〕，原本性作姓。即悟大意。原本悟作吾。惠能偈曰：

菩提本無樹，明鏡亦無臺，佛性常清浄〔八〕，原本性作姓，清作青。何處有塵埃〔九〕！

又偈曰：

心是菩提樹，身爲明鏡臺，明鏡本清浄，何處染塵埃〔一〇〕！

院内徒衆見能作此偈，原本徒作從。盡怪〔一一〕。惠能却入碓坊。五祖忽見惠能偈〔一二〕，原本祖作褐。即善知識大意〔一三〕。恐衆人知，五祖乃謂衆人曰：「此亦未得了」。

【校釋】

〔一〕能問童子　此句鈴木校本作「能問童子言」，下有校注云：「原本無言字。」按：可不加「言」字。

〔二〕適來誦者，是何言偈　此句鈴木校本作「適來誦者是何偈」，下有校注云：「原本何下有言字。」删去「言」字，似可不必。

〔三〕請一人讀　惠昕本（契嵩本、宗寶本略同）作「請一上人爲讀，若得聞之，願生佛會。時有江州别駕，姓張名日用，便高聲讀」。

〔四〕又請得一解書人　惠昕本(契嵩本、宗寶本略同)作「因此言:『亦有一偈,望別駕書於壁上。』別駕言:『獦獠!汝亦作偈,其事希有!』惠能啓別駕言:『若學無上菩提,不得輕於初學。俗諺云:下下人有上上智,上上人有没意智。若輕人,即有無量無邊罪。』張日用言:『汝但誦偈,吾爲汝書於壁上;汝若得法,先須度吾,勿忘此言。』」

〔五〕於西間壁上題着　「題」原本作「提」。今依義改。

〔六〕不識本心　這裏,「本心」和「自性」「本性」,含義相同。袾宏彌陀疏鈔卷一:「此之自性,蓋有多名:亦名本心,亦名本覺,亦名真知,亦名真識,亦名真如,種種無盡。統而言之,即當人靈知、靈覺本具之一心也。」其實,袾宏所列,遺漏尚多,諸如「佛性」「法性」「實性」等等,也都是含義相同的不同稱謂。

〔七〕識心見性　「心」謂「本心」,「性」謂「本性」,指的都是「真心」(真如)、「佛性」。下文(第一六節)所謂「自識本心,自見本性」,義正相同。

〔八〕佛性常清淨　慧能得法偈中這最關鍵的一句,在以後各本的壇經裏,由惠昕本帶頭(契嵩本、宗寶本因之),把它竄改成了「本來無一物」(按:祖堂集亦同:「身非菩提樹,心鏡亦非臺,本來無一物,何處有塵埃。」)。這句偈語的首竄者先把般若「性空」誤解爲「本無」,再以「本無」來竄改「佛性」。是的,般若不但講究「凡所有相,皆是虛妄」(金剛),而且宣稱:「若當有法勝涅槃者,我説亦復如幻如夢!」(大品幻聽品)「涅槃」(寂滅),是佛教徒所追求的最高境界,而在般若論者的心目中,不但「涅槃」是「空」的,「若當有法勝涅槃者,我説亦復如幻如夢」——也是「空」的。可是，般若講的是「性空」，並不是「本無」（對此，本書序言裏已有所論述，這裏不再重複）。把「佛性常清淨」改爲「本來無一物」，不僅有背於「佛性」論，而且也不符合般若思想。契嵩（還有宗寶）跟着照改，却露出了馬脚——契嵩本壇經南北頓漸品第七：「一日師告衆曰：『吾有一物，無頭無尾，無名無字，無背無面，諸人還識否？』神會出曰：『是諸佛之本源，神會之佛性！』」神會的回答，雖然表面上受到了慧能的指責，但其實神會還是「答如所問」的。「吾有一物」，不是對於「本來無一物」的明顯否定嗎？契嵩之所以露此馬脚，乃是由於他也是一個「佛性」論者！「佛性」論者，終究是不會像般若「性空」論者那樣空其一切的（更不會像「本無」論者那樣認爲什麽都没有）。對此，契嵩在其壇經贊一文中，還有更清楚的説明：「是故壇經之宗，尊其心要也。心乎若明若冥，若空若靈，若寂若惺。有物乎？無物乎？謂之一物，固彌於萬物；謂之萬物，固統於一物。一物猶萬物也，萬物猶一物也。」（見鐔津文集卷三）這裏，契嵩明確指出：不僅有「彌於萬物」的「一物」，而且有「統於一物」的「萬物」。它同「本來無一物」的論調，是完全針鋒相對的。如果認爲，「本來無一物」同「佛性常清淨」並無不同，是一樣的，那又何必硬要竄改「佛性常清淨」爲「本來無一物」呢？視「佛性」爲「一物」，這暴露出對「佛性」論的誤解；一定要把「佛性」也給「無」掉，這又反映了「本無」論者的偏見！一定要以「本來無一物」來取代「佛性常清淨」，正表明了兩者絶不相同！如果硬要把這原屬兩種不同體系的思想等同起來，那就無異於要把涅槃思想與般若思想等同起來，把無著有宗與龍樹空宗等同起來（玄奘當年確曾作過這種嘗試），把天台宗思想與三論宗思想等同起來——推而廣之，也無異乎要把老莊思想同荀孟思想等同起來！可是，由於人們的習而不察，以訛傳訛，竟然造成千古誤會！

〔九〕何處有塵埃 「有」，一作「惹」。慧能的這一偈意，同神秀的偈意針鋒相對，顯示出他的悟境，確乎高於神秀。因此，弘忍拋開神秀而選中了他來做自己的繼承人。

〔一〇〕心是菩提樹……何處染塵埃 這一偈頌，當屬衍文。尤其是前兩句，無異是重複神秀的話，更非慧能思想。

〔一一〕見能作此偈，盡怪 「盡怪」，盡都感到驚怪。

〔一二〕五祖忽見惠能偈 「偈」原本作「但」。按：「但」當爲「偈」字之誤，今改。

〔一三〕即善知識大意 「善」字，疑衍。

（九）五祖夜至三更，原本至作知。喚惠能堂内，説金剛經〔一〕，惠能一聞，言下便悟〔二〕。原本悟作伍。其夜受法，人盡不知，便傳頓法及衣：「汝爲六代祖。衣將爲信稟，代代相傳〔三〕；法以心傳心，當令自悟。」五祖言：「惠能！自古傳法，氣如懸絲〔四〕！興聖寺本、通行本並氣作命。若住此間，有人害汝，汝即須速去。」

【校釋】

〔一〕説金剛經 惠昕本（契嵩本、宗寶本因之）作：「五祖夜至三更，喚惠能於堂内，以袈裟遮圍，不令人見，爲惠能説金剛經。」僧人袈裟有一定尺寸，圍身尚可，圍堂却難。「遮圍」云云，徒彰僞蹟。其實（如本書序言已經指出過的），此處的「説經」，同惠能在嶺南的「聞經」（以及達摩的「授經」），都僅僅具有宗教意義，並無什麽歷史意義。

〔二〕言下便悟　嶺南一聞，「心明便悟」；這裏一聞，「言下便悟」。真可謂一悟再悟！惠昕本（契嵩本、宗寶本略同）對此，又作了一番渲染：「恰至『應無所住，而生其心』，言下便悟：一切萬法，不離自性。惠能啓言：『和尚！何期自性本自清淨，何期自性本不生滅，何期自性本自具足，何期自性本無動搖，（何期自性）能生萬法！』」「應無所住，而生其心」，同「一切萬法，不離自性」，從思想體系上説來，根本不是一碼事。前者講「空」（一切萬法，皆無自性；或一切萬法，自性本空），後者説「有」，聞「空」悟「有」，堪至奇蹟！而且，五千二百多字的金剛，通篇所宣揚的，祇是宗教信仰主義的内容，根本没有涉及宇宙生成的問題，無論如何，在金剛經（以及全部般若）裏也找不到「自性能生萬法」的思想！所以，惠昕等人的作僞，倒是更加表明了：慧能的思想，確乎不同於金剛思想。

〔三〕代代相傳　契嵩本、宗寶本作：「衣爲爭端，止汝勿傳。」

〔四〕氣如懸絲　惠昕等三本「氣」均作「命」。惠昕本：「自古傳法，命如懸絲！」契嵩本、宗寶本：「若傳此衣，命如懸絲！」改「法」爲「衣」，表明「衣」重於「法」。

（一〇）能得衣法，三更發去。五祖自送能於九江驛〔一〕，登時便悟〔二〕。五祖處分：原本無五字。「汝去，努力將法向南，三年勿弘此法〔三〕，難去在後弘化〔四〕，善誘迷人，若得心開，汝悟無別〔五〕。」辭違已了，便發向南。

【校釋】

〔一〕五祖自送能於九江驛　從江北的湖北黃梅下山，到江南的江西九江，三更出發，當晚即到，這可能嗎？神會語録（敦煌寫本，下同）第五五節「第六代唐朝能禪師」裏則說：「……忍大師謂曰：『我自送汝。』其夜遂至九江驛。當時得船渡江，大師看過江，當夜却歸至本山，衆人並不知覺。」則弘忍不僅當晚送慧能到江邊，而且還「當夜却歸至本山」。僞蹟尤爲顯著！惠昕本（契嵩本、宗寶本大同小異）說：「五祖相送，直至九江驛邊，有一隻船子，五祖令惠能上船，五祖把櫓自搖，惠能言：『請和尚坐，弟子合搖櫓。』五祖言：『祇合是吾度汝，不可汝却度吾，無有是處。』惠能言：『弟子迷時，和尚須度，今吾悟矣，過江搖櫓，合是弟子度之。度名雖一，用處不同。』五祖言：『如是如是。』」則弘忍不僅送慧能到江邊，而且還要親自撑船送過江去（神會語録也祇是說弘忍看着慧能過江）。話越說越多，事越說越僞。

〔二〕登時便悟　此句費解。或「悟」應作「寤」，覺也。意謂很快就天亮了。

〔三〕三年勿弘此法　惠昕本：「五年勿說。」契嵩本、宗寶本：「不宜速說。」按：據法海六祖大師緣起外紀記載，慧能得法於唐高宗龍朔元年（六六一），直到儀鳳元年（六七六）遇到印宗之後，方纔公開出來傳法，中間隱遁了一十六年。可見，「三年勿弘」「五年勿説」等説法，都是很不確切的。

〔四〕難去在後弘化　意謂：你南行之後，不要急於出來弘法；等到災難過去之後，再出來弘法，方纔平安無事。鈴木校本改「去」爲「起」，連上讀：「三年勿弘，此法難起。」反而不通了。

〔五〕汝悟無別　這是弘忍對慧能説：你在弘法時，如果能够善於誘導愚迷的人們，使他們也都能够心開悟解，那末，他們的悟境同你的悟境，就没有什麽差别了！鈴木校本改「汝悟」爲「與吾」，作「與吾無别」，並加校注謂：「原本與吾作汝悟。」「與吾無别」，是説與弘忍無别，這是欠妥的。因爲，受了慧能的化導而有同慧能一樣的悟境，是合乎情理的；而受慧能的化導，竟然能有同弘忍一樣的悟境，那就不大合乎常情了。

（一一）兩月中間，至大庾嶺。不知向後有數百人來，欲擬頭惠能奪衣法〔一〕，原本衣作於。來至半路，盡總却迴。唯有一僧，姓陳名惠順〔二〕，先是三品將軍〔三〕，性行粗惡，直至嶺上來趁，把著惠能，即還法衣，又不肯取：「我故遠來求法，不要其衣。」能於嶺上便傳法惠順，惠順得聞，原本惠順惠順作惠惠順順。言下心開。能使惠順即却向北化人來〔四〕。

【校釋】

〔一〕欲擬頭惠能奪衣法　鈴木校：「頭字可疑，恐誤。」今按：「頭」，或係「向」字之誤。

〔二〕姓陳名惠順　「惠順」，惠昕等三本均作「惠明」。宋高僧傳卷八慧明傳：「釋慧明，姓陳氏，鄱陽人也。本陳宣帝之孫（按：此說不確。陳宣帝陳頊，在位時間爲公元五六九—五八二年；即使慧明——惠順生於五八二年，到唐高宗李治龍朔元年（六六一），也已八十來歲，如此高齡的人，還能那樣地率先追趕慧能嗎），國亡，散爲編甿矣。明少出家於永昌寺，懷道頗切，扣雙峰之法。高宗之世，依忍禪師法席，極意研尋，初無證悟，若喪家之犬焉。忽聞五祖密付衣鉢與盧居士，率同意數十許人躡蹟急追，至大庾嶺，明最先見，餘輩未及。能祖見已，便擲袈裟，明曰：『我來爲法，非望衣鉢也。』時能祖便於嶺首一向指訂，明皆洞達。」

〔三〕三品將軍　「三品」，惠昕等三本均改爲「四品」。神會語録第五五節「第六代唐朝能禪師」裏也說：「衆有一四品將軍，捨官入道，俗姓陳，字慧明。」則神會語録裏也有了晚出的東西。

〔四〕即却向北化人來　惠昕本在這段末尾，加了如下一個夾注：「祖謂明曰：『不思善，不思惡，正與麼時，如何是上座本來面目？』明大悟。」（鈴木校本把這個夾注移到「言下心開」句下，而又加了如下一個括號夾注：（原注二十六字原本在章末。））契嵩本（宗寶本因之）則把這個夾注改爲正文：「能云：『汝既爲法而來，可屏息諸緣，勿生一念，吾爲汝說。』良久，謂明曰：『不思善，不思惡，正與麼時，那個是明上座本來面目？』惠明言下大悟。」「那個是明上座本來面目？」這就是後來禪宗的所謂「話頭」，慧能當時尚無這種花樣。這種東西出現在壇經裏，標誌着壇經已經被人竄改了！

(一二)惠能來於此地,原本於作衣。與諸官寮、道俗,原本寮作奪。亦有累劫之因。教是先聖所傳,原本聖作性。不是惠能自知,願聞先聖教者,原本聖作性。各須浄心,聞了願自除迷,原本自除作白餘。於先代悟〔一〕。(下是法。)

惠能大師喚言:「善知識!菩提般若之知〔二〕,世人本自有之,原本自作白。即緣心迷,不能自悟,原本自作白。須求大善知識示道見性。善知識!遇悟即成智〔三〕。」

【校釋】

〔一〕聞了願自除迷,於先代悟　這句話頗費解。惠昕等三本均作:「聞了各自除疑,與先代聖人無別。」或「願」爲「須」字之誤。意思是説:聞了先聖之教者,須能自除其迷誤,能够這樣,那他就等於有了先代聖人們的悟境。

〔二〕菩提般若之知　「知」,同「智」。般若就是智慧,「般若之智」,乃同義反復。菩提,覺義,道義,即佛果位。「菩提般若之智」,意即能够證得佛位的智慧。

〔三〕遇悟即成智　意謂:不悟則迷,悟即成智。惠昕本在這一節(惠昕本爲第一三節)的前面(第一二節)加進了一個人所共知的「風幡」故事。按:「風幡」故事,既不見於法海本壇經,也不見於法海的六祖大師法寶壇經略序和六祖大師緣起外紀(按:丁福保認爲:外紀係後人增删略序而成者)以及王維的六祖能禪師碑銘,而最早見之於歷代法寶記(約成書於唐代宗大曆年間(七六六—七七九))和曹溪大師別傳（按：據胡適考證，這篇別傳撰於唐德宗建中二年—七八一），兩者均是慧能去世（唐玄宗先天二年—七一三）幾十年之後的作品。請看它們的記載：

法寶記：「時印宗問衆人：『汝總見風吹幡於上頭，幡動否？』衆言見動，或言見風動，或言見幡動，不是幡動，是見動。如是問難不定。惠能於座下立答：『法師！自是衆人妄想心動與不動，非見（按：「見」，似應作「風」）幡動，法本無有動、不動。』法師聞說，驚愕忙（按：「忙」，應作「茫」）然。」

別傳：「時囑正月十三日懸幡，諸人夜論幡義，法師（按：指印宗）廊下隔壁而聽。初論幡者：『幡是無情，因風而動。』第二人難言：『風幡俱是無情，如何得動？』第三人：『因緣和合故，合動。』第四人言：『幡不動，風自動耳。』衆人諍論，喧喧不止。能大師高聲止諸人曰：『幡無如餘種動。所言動者，人者心自動耳。』印宗法師聞已，至明日講次欲畢，問大衆曰：『昨夜某房論義，在後者是誰？此人必禀承好師匠。』中有同房人云：『是新州盧行者。』法師云：『請行者過房。』能遂過房。」

此外，成書於五代後周廣順二年（南唐保大十年—九五二）的祖堂集（二〇卷，爲南唐治下泉州招慶院禪僧静、筠二人合編。書中共收入自迦葉以至唐末五代禪僧二百餘人）卷二第三十三祖惠能和尚傳裏，也講到了「風幡」這個故事：「（印宗）有一日正講經，風雨猛動，見其幡動。法師問衆：『風動也？幡動也？』一個云風動，一個云幡動，各自相争，就講主證明。講主斷不得，却請行者斷。行者云：『不是風動，不是幡動。』講主云：『是什摩物動？』行者云：

『仁者自心動。』從此，印宗迴席座位。」根據這些（特別是前兩種）記載，惠昕本（契嵩本、宗寶本因之）遂把這一故事寫入壇經：「時有風吹旛動，一僧云旛動，一僧云風動。惠能云：『非旛動、風動，人心自動。』印宗聞之竦然。」一個故事，不同記載，祇能表明：它是傳說，並非史實。其實，禪宗史上（從所謂的「拈花微笑」起）的許多故事，同佛經中的各種故事一樣，宗教傳說多於歷史事實。如果對於這類故事輒信以爲真，那就無異相信神怪了！

（一三）善知識！我此法門，以定惠爲本。第一勿迷言定惠別〔一〕。原本定惠作惠定。定惠體一不二。即定是惠體，即惠是定用。即惠之時定在惠，即定之時惠在定。善知識！此義即是定惠等〔二〕。原本無定字。學道之人作意，莫言先定發惠，先惠發定，定惠各別。作此見者，法有二相，口說善，心不善〔三〕，定惠不等；原本定惠作惠定。心口俱善〔四〕，内外一種，原本一下有衆字。定惠即等。自悟修行，不在口諍，若諍先後，即是迷人。原本無迷字。不斷勝負，却生法我，不離四相〔五〕。

【校釋】

〔一〕第一勿迷言定惠別　「惠」通「慧」。傳統教義：「定」屬止，「慧」屬觀，二者是有區別的。這裏說定慧無別，又顯示出慧能對於「定慧」這種傳統範疇的釋義，也是與衆不同的。

〔二〕即定是惠體……此義即是定惠等　神會語録：「悊法師問：『云何是定慧等義？』答曰：『念不起，空無所有，即名正定；以能見念不起、空無所有，即名正慧。若得如是，即定之時，名爲慧體；即慧之時，即是定用。即定之時不異慧，即慧之時不異定；即定之時即是慧，即慧之時即是定；即定之時無有定，即慧之時無有慧。何以故？性自如故。是名定慧等學。』」胡適以此（以及以下各條）爲内證，便斷定「壇經的主要部份是神會所作」；因爲「壇經中有許多部份和新發現的神會語録完全相同」（見胡適論學近著第一集卷二荷澤大師神會傳六、神會與六祖壇經）。發現學生著作中有與老師的著作内容相同者，不是得出學生抄襲老師的結論，而是相反！實在欠通。

〔三〕心不善　心有分別，故「不善」。

〔四〕心口俱善　心口如一，所以「俱善」。

〔五〕不離四相　「相」，謂形相，相狀。所謂「四相」，説有多種，諸如生、老、病、死，生、住、異、滅，行、住、坐、卧，成、住、壞、空，等等。這裏「四相」當指：一、異，非一非異，亦一亦異；或者：我、人、衆生、壽者。争執先後，計較勝負，妄生法我（這裏的「法我」，意同「我法」），便是尚未遠離「四相」的表現。佛教認爲：「凡所有相，皆是虚妄。」應該遠離「四相」。

（一四）一行三昧〔一〕者，於一切時中，行、住、坐、卧，原本坐作座。常行直心是〔二〕。原本行直作真真。淨名經云：「直心是道場〔三〕。」原本直作真。「直心是淨土〔四〕。」原本直作真。莫心行諂曲，原本曲作典。口說法直，口說法直，興聖寺本、通行本並作口但說直。口說一行三昧，不行直心，原本直作真。非佛弟子。但行直心，原本直作真。於一切法上無有執著，原本上無作無上。名一行三昧。迷人著法相，執一行三昧，直言坐不動，原本直言作真心，坐作座。除妄不起心，即是一行三昧。若如是，此法同無情，原本情作清。却是障道因緣。道須通流，原本須作順。何以却滯？心不住即通流，原本不作在。住即被縛。原本被作彼。若坐不動是，原本坐作座。維摩詰不合呵舍利弗宴坐林中〔五〕。原本坐作座。善知識！又見有人教人坐，原本坐作座。看心看淨，不動不起，從此置功。迷人不悟，便執成顛，即有數百般如此教道者〔六〕，原本般作盤。故知大錯。原本知作之。

【校釋】

〔一〕一行三昧　「三昧」，梵語，又云「三摩地」「三摩提」，有正定、等持等含義。「一行三昧」，傳統意義謂專於一行，修習正定（等持，則爲平等持心，專於一境）。這裏，慧能以「於一切時中，行、住、坐、卧，常行直心」來解釋「一行三昧」，則其意義有異於傳統含義。這裏所謂的「直心」，也非通常意義上的「正直之心」，而是指的「真心」，即真如、佛性。「常行直心」，亦即常住真如，常契佛性。契嵩曾謂：「一行三昧者，法界一相之謂也。」（鐔津文集卷三壇經贊)「法界一相」，意謂觀宇宙萬有舉體皆是真如之相（這裏的「相」，作「體性」解）。契嵩的解釋，是有根據的。文殊師利所説摩訶般若波羅蜜經卷下：「文殊師利言：『世尊！云何名一行三昧？』佛言：『法界一相，繫緣法界，是名一行三昧。』」則所謂「一行三昧」者，就是觀察「法界」。「法界」，亦即一切事物——宇宙萬有的根本體性的唯一「體相」（這裏，「相」乃「性」義），一心繫緣於這一「法界」的「一相」上。契嵩以「法界一相」來解釋「一行三昧」，可謂得慧能「一行三昧」之真諦。

〔二〕常行直心是　惠昕本、契嵩本作：「常行一直心是也。」宗寳本作：「常行直心是也。」

〔三〕直心是道場　語見維摩經（「浄名」，即「維摩」的意譯）菩薩品第四：「佛告光嚴童子：『汝行詣維摩詰問疾。』光嚴白佛言：『世尊！我不堪任詣彼問疾，所以者何？憶念我昔出毗耶離大城，時維摩詰方入城，我即爲作禮而問言：居士從何所來？答我言：吾從道場來。我問：道場者何所是？答曰：直心是道場，無虚假故；發行是道場，能辦事故；深心是道場，增益功德故；菩提心是道場，無錯謬故……（按：一連列舉了三十二個「××是道場」）故我不任詣彼問疾。』」

〔四〕直心是浄土　語見維摩經佛國品第一：「（寳積）白佛言：『……唯願世尊説諸菩薩浄土之行。』佛言：『善哉寳積！乃能爲諸菩薩問於如來浄土之行，諦聽諦聽……寳積當知：直心是菩薩浄土，菩薩成佛時，不諂衆生來生其國；深心是菩薩浄土，菩薩成佛時，具足功德衆生來生其國；菩提心是菩薩淨土，菩薩成佛時，大乘衆生來生其國……（按：一連列舉了十七個「××是菩薩淨土」）正見衆生來生其國。』」

〔五〕維摩詰不合呵舍利弗宴坐林中　語見維摩經弟子品第三：「爾時長者維摩詰自念：『寢疾於牀，世尊大慈，寧不垂愍？』佛知其意，即告舍利弗：『汝行詣維摩詰問疾。』舍利弗白佛言：『世尊！我不堪任詣彼問疾，所以者何？憶念我昔曾於林中宴坐樹下，時維摩詰來謂我言：唯！舍利弗，不必是坐爲宴坐也。夫宴坐者，不於三界現身意，是爲宴坐；不起滅定而現諸威儀，是爲宴坐；不捨道法而現凡夫事，是爲宴坐；心不住內，亦不在外，是爲宴坐；於諸見不動而修行三十七品，是爲宴坐；不斷煩惱而入涅槃，是爲宴坐。若能如是坐者，佛所印可。時我，世尊，聞説是語，默然而止，不能加報。故我不任詣彼問疾。』」

〔六〕即有數百般如此教道者　惠昕等三本均作：「如此者衆，如是相教。」

（一五）善知識！定惠猶如何等？如燈光。有燈即有光，無燈即無光〔一〕。燈是光之體，原本之作知。光是燈之用。名即有二，原本無名字。體無兩般。此定惠法亦復如是。

【校釋】

〔一〕有燈即有光，無燈即無光　惠昕本作「有燈即光，無燈不光」，反不如法海本的文字通順。

（一六）善知識！法無頓漸，人有利鈍。迷即漸勸，原本迷作明。悟人頓修，自識本心，自見本性〔一〕。原本自作是。悟即元無差别，不悟即長劫輪迴。原本此句作識白本（按：大正藏本作「識自本」，亦無「心」字）。

【校釋】

〔一〕自識本心，自見本性 「自識本心」「自見本性」，就是所謂「明心見性」「見性成佛」之義。這裏，「心」謂「真心」，「性」謂「佛性」，二者含義本質相同。宗密禪源諸詮集都序卷上之一説：「良由不識真心，每聞心字，將謂祇是八識，不知八識但是真心上隨緣之義。故馬鳴菩薩以一心爲法，以真如、生滅二門爲義……心真如是體，心生滅是相用。祇説此心不虚妄故云真，不變易故云如……泛言心者，略有四種，梵語各别，翻譯亦殊。一、紇利陀耶，此云肉團心，此是身中五藏心也。二、緣慮心，此是八識，俱能緣慮自分境故……三、質多耶，此云集起心，唯第八識，積集種子、生起現行故。四、乾栗陀耶，此云堅實心，亦云貞實心，此是真心也。」同書卷上之二又説：「這一「真心，無始本來性自清净，明明不昧，了了常知，盡未來際，常住不滅，名爲佛性，亦名如來藏，亦名心地」。宗密還特别指出：「達摩所傳，是此心也。」「六代相傳，皆如此也。」（同上）延壽宗鏡録卷三説：「無始菩提涅槃之清净體者，此即真心，亦云自性清净心，亦云清净本覺。」「唯一真心，周遍法界。」同書卷一六又説：「夫即心成佛者，爲即真心？爲即妄心？答：唯即真心。悟真心故，成大覺義，故稱爲佛……祖佛同指此心而成於佛。」

（一七）善知識！我此法門，原本此作自。從上已來，頓漸皆立無念爲宗，原本爲作無。無相爲體，原本爲作無。無住爲本〔一〕。原本住下有無字。何名無相〔二〕？原本名作明。無相者，原本無者字。於相而離相〔三〕；無念者，於念而不念〔四〕；無住者，爲人本性〔五〕，念念不住〔六〕。前念、今念、原本今作念。後念，念念相續，原本續作讀。無有斷絶；若一念斷絶，法身即是離色身〔七〕。念念時中，於一切法上無住，一念若住，念念即住，名繫縛；原本繫作擊。於一切法上，念念不住，即無縛也。是以無住爲本。原本無是字。善知識！但離一切相，原本但離作外離。是無相；但能離相，性體清淨。是以無相爲體。原本重是字。於一切境上不染，原本境作鏡。名爲無念；於自念上離境，原本境作鏡。不於法上生念。原本重不字，生念作念生。若百物不思，原本若作莫。念盡除却，一念斷即死，原本死作無。別處受生〔八〕。學道者用心，莫不思法意。原本思作息。自錯尚可，更勸他人迷，不自見迷，原本自作白。又謗經法〔九〕。是以立無念爲宗。即緣迷人於境上有念，原本迷作名，境作鏡。念上便起邪見，原本起作去。一切塵勞妄念〔一〇〕，從此而生。故此教門〔一一〕，立無念爲宗。世人離見，原本離作雜。不起於念，若無有念，無念亦不立。無者無何事？念者念何物〔一二〕？原本無何上之念字。無者，離二相諸塵勞〔一三〕。真如是念之體，念是真如之用〔一四〕。自性起念，原本無自字，性作姓。雖即見聞覺知，原本知作之。不染萬境，原本境作鏡。而常自在。原本自作白。維摩經云：「外能善分別諸法相，內於弟一義而不動〔一五〕。」

【校釋】

〔一一〕無住爲本　維摩經觀衆生品第七：「從無住本，立一切法。」

〔一二〕何名無相　原本作「何名爲相」（鈴木校本同）。根據下句「無相者，於相而離相」的釋文，應以「何名無相」爲是。故依義校改。

〔一三〕無相者，於相而離相　「相」謂事相。「離」，表面含義，可作遠離解；實際含義，則是不計較、不執著的意思。即下文所謂「即見聞覺知」而「不染萬境」。儘管見色、聞聲、覺觸、知法，但由於不計較、不執著，所以並「不染萬境」。亦即維摩經方便品所謂「入諸婬舍，示欲之過；入諸酒肆，能立其志」。雖逛妓院，並未胡搞；雖下酒館，也未濫飲。

〔一四〕於念而不念　於體念真如本性的正念上，遠離雜念、妄念。維摩經觀衆生品第七：「又問：『欲除煩惱，當何所行？』答曰：『當行正念。』」所以，「無念」並非「百物不思」，而是排除妄念、雜念。這裏，「念」不是通常意義上的思維活動，而是一種直覺的内省、冥想。

〔一五〕無住者，爲人本性　對照下文「住」含二義，這裏，人的「本性」也具二義：一、人的世俗本性，亦即宋儒所謂「氣質之性」；二、人的本有佛性，亦即真實本性。

〔六〕念念不住　「住」有二義：一、静止義。「不住」，即遷流不止。「前念、今念、後念，念念相續，無有斷絶」，即屬此義。這是説，人的世俗本性，原是遷流不息、生滅無常的。二、執著義。「不住」，即「無著」。下文「念念時中，於一切法上無住，一念若住，念念即住，名繫縛；於一切法上，念念不住，即無縛也」，即屬此義。這是説，人的本有佛性，原是無著、無縛而常自在的。

〔七〕若一念斷絶，法身即是離色身　亦即下文所謂「一念斷即死，别處受生」之義。這也就是形神相離的思想。不過，嚴格説來，「法身即是離色身」的説法，是有毛病的。因爲，按照大乘教義，「法身」亦即「真如」「佛性」，它是無所不在的，説它「即是離色身」，那就表明了它也是有局限，而並非徧在的了。

〔八〕别處受生　此處死，别處生，此之謂「輪迴」。

〔九〕又謗經法　經言「無念」，衹是説無雜念、妄念，並非連「正念」亦「無」之；若把「無念」誤解爲「百物不思，念盡除却」，不僅自作此解，而且還「更勸他人」，那就是誹謗經法了。這裏的「經法」，係泛指，並非專指某經。

〔一〇〕一切塵勞妄念　猶言「一切煩惱雜念」。

〔一一〕故此教門　「故」原本作「然」，按：「然」當作「故」。契嵩本、宗寶本均作「故此法門」。

〔一二〕無者無何事？念者念何物　「無念」原是一個詞，這裏却又「分而言之」，這也反映出慧能傳教，是非常隨自意的。

〔一三〕離二相諸塵勞　生滅、有無、空有、人我、是非、染浄、内外等等，均稱「二相」。計較二相，必將障蔽「真如本性」，故稱這種煩惱妄見爲「塵勞」。「塵」謂情塵、塵垢；「勞」謂勞累、煩擾。「塵勞」非一，故謂之「諸」。此句下鈴木校本根據契嵩本、宗寶本補入「念者，念真如本性」一句，並加校注云：「原本無念者念真如本性七字。」

〔一四〕念是真如之用　依真如而起念，自然是「正念」「真念」。本來是在講「無念」，却又講到「有念」。可見慧能思想的歸宿處，是「有」而不是「空」。不過，「真如」是無爲法，它既然也有了起念之用，那不又成了有爲法了嗎？可見，慧能在運用邏輯範疇時，是很不嚴格的。

神會語録第二〇節「嗣道王問」中，也有一段關於「無念法」的議論，兹節録於此，以資參考：「又問曰：『無念者（按：鈴木校本：「念字疑衍。」）無何法？是念者念何法？』答曰：『無者無有二法，念者唯念真如。』又問：『念者與真如有何差別？』答：『亦無差別。』問：『既無差別，何故言念真如？』答曰：『所言念者，是真如之用；真如者，即是念之體。以是義故，立無念爲宗。若言無念者（按：鈴木校本：「胡適本言作見。」），雖有見聞覺知，而常空寂。』」

〔一五〕維摩經云……内於第一義而不動　語見維摩經佛國品第一：「能善分別諸法相，於第一義而不動。」原文無「外」「内」二字。這兩句經文的意思是説：能够善於分別（觀察、了解）諸法事相的人，便能了知一切法相當體都是「真如法性」，因而他們也就能够對於「真如法性」這一「第一義」（「義」，謂義理，這裏作「真」理解，所以也稱「第一義諦」，「諦」即真理。在一切義理中，「真如法性」是最高、最終極的真理，所以稱爲「第一義」）而的信無疑，毫不動摇。

動，也可作乖離、背離解。意謂「能善分别諸法相」的人，便能不背離於「第一義」。印順説：「『無相爲體，無住爲本，無念爲宗』，這是壇經所傳的修行法。」（中國禪宗史頁三五七）可見，所謂「三無」，祇是講的一種修行法；如果把它們看作是慧能的中心思想，那就很不準確了。

（一八）善知識，原本知作諸。此法門中，坐禪元不看心，原本坐作座，看作著。亦不看淨，原本看作著。亦不言不動。原本無言下不字。若言看心，心元是妄〔一〕，妄如幻故，無所看也。若言看淨，人性本淨〔二〕，原本性作姓。爲妄念故，蓋覆真如。離妄念，本性淨。原本性作姓。不見自性本淨，原本性作姓。起心看淨，原本起心作心起。却生淨妄，妄無處所，故知看者却是妄也。原本者下有看字。淨無形相，却立淨相，言是功夫，作此見者，障自本性，原本障作章，性作姓。却被淨縛。若言不動者，原本無言字。不見一切人過患，原本無不字。是性不動。迷人自身不動，開口即説人是非，與道違背。看心看淨，却是障道因緣〔三〕。

【校釋】

〔一〕心元是妄　這是指妄心而言。宗密禪源諸詮集都序卷下之二説：「心有二種：一者真，二者妄。」妄心就是生滅心，真心就是真如。宗密並詳細表列了真、妄二心的區别。延壽宗鏡録卷三也説：「問：『以心爲宗，理須究竟，約有情界，真妄似分，不可雷同，有濫圓覺，如金鍮共爇，真僞俄分；砂米同炊，生熟有異。未審以何心爲宗？』答：『誠如所問，須細識心，此妙難知，唯佛能辯。祇爲三乘慕道，見有差殊，錯指妄心以爲真實……迷心迷性，皆爲執斯緣慮，作自己身；遺此真心，認他聲色。斯則出俗外道、在家凡夫之所失也。』」同書又説：「問：『真妄二心，各以何義名心？以何爲體？以何爲相？』答：『真心以靈知寂照爲心，不空無住爲體，實相爲相。妄心以六塵緣影爲心，無性爲體，攀緣思慮爲相。此緣慮覺了能知之妄心而無自體，但是前塵，隨境有無，境來即生，境去即滅。』」真心是以「不空無住爲體」，值得注意。延壽還明確指出：「則從上稟受，以此真心爲宗。」可見慧能講到「妄心」時，即但指「妄心」。如果以「妄」爲「真」，或者混「真」於「妄」，那就必然要誤解慧能與壇經。

〔二〕人性本浄　這裏所謂「本浄」的「人性」，亦即「本性」「本心」「真如」。神會語録第二四節：「真如之性，即是本心。」所以，不能以通常的意義來理解慧能在這裏所講的「人性」。

〔三〕若言不動者……却是障道因緣　契嵩本（宗寶本同）作：「若修不動者，但見一切人時，不見人之是非、善惡、過患，即是自性不動。善知識！迷人身雖不動，開口便説他人是非、長短、好惡，與道違背。若著心著浄，却障道也。」

（一九）今既如是，原本既如作記汝。此法門中，何名坐禪？原本坐作座。此法門中，一切無礙，外於一切境界上念不起爲坐，原本起作去，坐作座。見本性不亂爲禪〔一〕。原本性作姓。何名爲禪定？外離相曰禪，原本離作雜。内不亂曰定。外若著相，内心即亂，外若離相，内性不亂〔二〕。原本外若著相云云十六字，作外若有相，内姓不亂。本性自净自定，原本無性字。祇緣觸境，原本觸境作境觸。觸即亂，離相不亂即定。外離相即禪，内不亂即定，原本内下有外字。外禪内定，故名禪定〔三〕。維摩經云：「即時豁然，原本時作是。還得本心〔四〕。」菩薩戒云：「本元自性清净〔五〕。」原本元作須，自作白，性作姓。善知識！見自性自净，原本性作姓。自修自作自性法身〔六〕，原本性作姓。自行佛行，自作自成佛道。

【校釋】

〔一〕見本性不亂爲禪　把「坐禪」一詞拆開來講，並各賦以不同含義，這不單單是一種望文生義的作法，也反映了慧能思想的特點。

〔二〕外若著相，内心即亂，外若離相，内性不亂　此十六字契嵩本（宗寶本同）作：「外若著相，内心即亂，外若離相，心即不亂。」鈴木校本據改如上，祇是把契嵩本的「心即不亂」，改爲「内性不亂」，易「心」爲「性」，意思略同，可從。

〔三〕外禪内定，故名禪定　把「禪定」一詞分開來講，情況一如對於「坐禪」一詞的解釋。

〔四〕即時豁然，還得本心　語見維摩經弟子品第三：「時維摩詰即入三昧（按：「入三昧」，即入定），令此比丘（按：指一羣新學比丘）自識宿命……即時豁然，還得本心。」所謂「本心」，即本來具有的「真如之心」。

〔五〕本元自性清浄　這裏的菩薩戒，指梵網經。語見梵網經卷下：「金剛寶戒，是一切佛本源，一切菩薩本源，佛性種子。一切衆生，皆有佛性……是一切衆生戒本源自性清浄。」這裏講的，是作爲「佛性種子」的「戒」體本源「自性清浄」。壇經引此，係指「本心」「本性」（真如、佛性）本自清浄，取意與梵網還可相通。鈴木校本（據宗寶本）作「我本元自性清浄」（契嵩本作「我本性元自清浄」），並加校注謂：「原本無我字。」前面加一「我」字，多少反有失梵網原意。

〔六〕自修自作自性法身　對於這一節，胡適又從神會語録（第四七節）裏找出一條壇經係神會作品的内證：「念不起爲坐，見本性爲禪。」

（二〇）善知識！總須自體，與授無相戒〔一〕，原本授作受。一時逐惠能口道，令善知識見自三身佛：「於自色身，歸依清浄法身佛；原本依作衣。於自色身，歸依千百億化身佛；原本依作衣。於自色身，歸依當來圓滿報身佛〔二〕。」原本依作衣。（已上三唱。）色身是舍宅，不可言歸，向者三身在自法性〔三〕，世人盡有，爲迷不見，原本迷作名。外覓三身如來，原本無身字。不見自色身中三身佛。原本身作性。善知識！聽汝善知識説〔四〕：今善知識〔五〕於自色身原本今作令，於作衣。見自法性有三身佛，原本身作世。此三身佛，從性上生。何名清淨法身佛？原本無法字。善知識！世人性本自淨，萬法在自性〔六〕。原本性作姓。思量一切惡事，原本無惡字。即行於惡；原本於作衣。思量一切善事，便修於善行。如是一切法盡在自性。原本如上有知字，性作姓。自性常清淨。原本性作姓。日月常明，原本明作名。祇爲雲覆蓋，上明下暗，原本明作名。不能了見日月星辰，原本星作西。忽遇惠風吹散，卷盡雲霧，萬象參羅〔七〕，一時皆現。世人性淨，猶如青天〔八〕，惠如日，智如月〔九〕，智惠常明。原本明作名。於外著境，原本著境作看敬。妄念浮雲蓋覆，自性不能明〔一〇〕。原本性作姓。故遇善知識開真法，吹却迷妄，原本迷作名。内外明徹，原本明作名。於自性中，原本性作姓。萬法皆見〔一一〕。一切法自在性〔一二〕，原本性作姓。名爲清淨法身〔一三〕。自歸依者，原本依作衣。除不善行，是名歸依。原本依作衣。何名爲千百億化身佛〔一四〕？不思量，性即空寂；思量即是自化。思量惡法，化爲地獄；思量善法，化爲天堂。毒害化爲畜生，慈悲化爲菩薩，智惠化爲上界，愚癡化爲下方。自性變化甚多，原本性作姓，多作名。迷人自不知見。一念善，智惠即生〔一五〕。原本智作知。一燈能除千年闇，一智能滅萬年愚。莫思向前，常思於後〔一六〕。常後念善，名爲報身〔一七〕。一念惡，報却千年善亡〔一八〕；原本亡作心。一念善，報却千年惡滅〔一九〕。

無常已來〔二〇〕，後念善，名爲報身。從法身思量，即是化身；念念善，即是報身。自悟自修，即名歸依也。原本依作衣。皮肉是色身，色身是舍宅，原本無色身二字。不言歸依也。原本言作在。但悟三身，即識大意。原本意作億。

【校釋】

〔一〕授無相戒　「無相戒」，義見前第一節注〔五〕。

〔二〕歸依當來圓滿報身佛　以上，「法身佛」「報身佛」「化身佛」，佛教稱之爲「三身佛」，或佛的「三身」。其中「法身」（又叫「自性身」）稱爲「毗盧遮那」，義爲「遍一切處」，乃成佛時所契證的最高的精神實體，即所謂「諸法實性」，亦即「真如」「佛性」。涅槃經金剛身品第五：「如來身者，是常住身，不可壞身，金剛之身，非雜食身，即是法身。」這種「法身」，「不生不滅，不習不修，無量無邊，畢竟清淨」（同上），所以，嚴格説來，所謂「法身」，乃是「法性」，並非是「身」。「報身」（又叫「受用身」），稱爲「盧舍那」，義爲「淨滿」，即成佛時所獲得的清淨圓滿果報之身。這種清淨莊嚴、功德圓滿的果報之身，高踞佛國，不來人世，衹供自己受用，衆生無緣分享。泛指將要成佛者，可稱「當來」；若指釋迦報身，「當來」之説，便不確切。「化身」（又叫「應身」「變化身」），指的就是釋迦牟尼，爲了化導苦難衆生，應化人間，宣揚佛教。「化身」不限一類，可以隨類應化，所以又稱做「千百億化身」。梵網經卷下説：「我今盧舍那，方坐蓮花台，周匝千花上，復現千釋迦。一花百億國，一國一釋迦，各坐菩提樹，一時成佛道。如是千百億盧舍那本身，千百億釋迦，各接微塵衆。」這是説，光是釋迦化身，即有千百億之多，其他化身佛，當更多得不可勝數！於自色身，歸依三佛，表示於自身中即具三佛。

〔三〕向者三身在自法性 袾宏彌陀疏鈔卷一説：「言性有二：兼無情分中，謂之法性；獨有情分中，謂之佛性。」「有情」，指有情識者，實則包括一切動物。「無情」，即指動物以外的一切自然現象。單就一切動物而言，稱做「佛性」，即所謂「一切衆生，皆有佛性」。泛指一切現象而言，稱爲「法性」，即所謂「諸法實性」。（唐譯——下同）楞伽經如來常無常品第五説：「諸佛如來所證法性，法住法位，如來出世、若不出世，常住不易。」可見，佛性、法性、實性、自性、本性、法身、本心、真如等等稱謂，實質上指的都是一個東西——佛教所幻想的最高的、永恒的精神實體。它是慧能的思想核心、理論基礎；也是慧能心目中的宇宙實體、世界本原。一「法性」中，備具「三身」，所以説「三身」盡在「自法性」中。

〔四〕聽汝善知識説 這裏的「善知識」，係指慧能自己。

〔五〕今善知識 這裏的「善知識」，係指聽衆。

〔六〕萬法在自性 「自性」，即「法性」。「萬法在自性」，意謂「萬法」（即所謂「森羅萬象」——宇宙萬有）都是由「真如」「法性」的自性派生的，因此，「萬法」本身就是「真如」「法性」；亦即所謂「無不從此法界流，無不還歸此法界」——「法界」，亦即法性的另一稱謂。楞伽經剎那品第六説：「如來藏是善不善因，能遍興造一切趣生。」所謂「如來藏」，亦即法性、佛性、真如等的另一稱謂。由於一切都是由如來藏興造的，所以一切盡在如來藏中，亦即「萬法盡在自性」。慧能的「真心」一元論——「真如緣起」論的世界觀，就言簡意賅地包括在這「萬法在自性」的一言之中！這一句話，惠昕等三本均作「萬法從自性生」，意思更加清楚。於此可見，慧能所講的心（自然是「真心」）、性（自然是「法性」），確乎是宇宙實體，世界本原。

〔七〕萬象參羅　「象」原本作「像」，今依義改。

〔八〕猶如青天　「青」原本作「清」，今依義改。

〔九〕惠如日，智如月　這裏，慧能又把「智慧」一詞拆開來用。則「慧」當是指觀察現象的「後得智」，「智」當是指了悟本體的「根本智」。

〔一〇〕妄念浮雲蓋覆，自性不能明　楞伽經剎那品第六說：「此如來藏藏識本性清淨，客塵所染，而爲不淨。」涅槃經如來性品第十二說：「一切衆生所有佛性，爲諸煩惱之所覆蔽。」「一切衆生……雖有佛性，皆不能見，而爲貪婬、瞋恚、愚癡之所覆蔽。」「如來祕藏……爲諸煩惱叢林所覆，無明衆生不能得見。」

〔一一〕萬法皆見　「見」，同「現」。慧能用「於自性中，萬法皆現」這種簡潔語言，明確地表達了他的「真心」一元論——「真如緣起」論的觀點。

〔一二〕一切法自在性　「一切法」的「自在性」，亦即「真如」「法性」。

〔一三〕名爲清淨法身　可見，「法身」就是「自性」「本性」「法性」「真如」「佛性」。這裏，慧能對於「法身」的釋義，還是符合佛教傳統教義的。

〔一四〕何名爲千百億化身佛　這裏，慧能對於「化身佛」的釋義，完全是隨自意的，完全不是「化身佛」的傳統含義。

〔一五〕此句下，鈴木校本據惠昕本增補如下兩句：「此名自性化身。何名圓滿報身？」並加校注云：「原本無此名自性化身，何名圓滿報身十二字，今據興聖寺本補之。」今按：可不補。

〔一六〕莫思向前，常思於後　惠昕等三本均作：「莫思向前，已過不可得；常思於後，念念圓明，自見本性。」則「向前」實爲「向後」——向已往，向過去；「思後」實爲「思前」——思將來。它的含義，頗似現在所謂「不要向後看，要向前看」。當然，慧能的「常思於後」，並不是要人們面對現實，而是要人們直覺冥想——「念念圓明，自見本性」。歸根結底，是要把人們的注意力引向彼岸世界。

〔一七〕常後念善，名爲報身　慧能對於「報身」的釋義，也是不符合傳統教義的。

〔一八〕一念惡，報却千年善亡　惠昕等三本均作：「自性起一念惡，滅萬劫善因。」

〔一九〕一念善，報却千年惡滅　惠昕等三本均作：「自性起一念善，得恒沙惡滅。」

〔二〇〕無常已來　惠昕本作：「直至無常。」「無常」，乃「死」的異名。「無常已來」，意即「死期已到」。

（二一）今既自歸依三身佛已，與善知識發四弘大願。善知識！一時逐惠能道：「衆生無邊誓願度，煩惱無邊誓願斷，法門無邊誓願學，無上佛道誓願成〔二二〕。」三唱。善知識！「衆生無邊誓願度」，不是惠能度。善知識！心中衆生，各於自身自性自度。原本性作姓。

何名自性自度？原本性作姓。自色身中，邪見、煩惱、愚癡、迷妄原本迷作名。自有本覺性，將正見度，既悟正見般若之智，除却愚癡迷妄衆生，各各自度。邪來正度，原本來作見。迷來悟度，愚來智度，惡來善度，煩惱來菩提度。原本提作薩。如是度者，是名真度。「煩惱無邊誓願斷」，自心除虛妄〔二〕。「法門無邊誓願學」，學無上正法。「無上佛道誓願成」，常下心行，恭敬一切，遠離迷執，覺知生般若，除却迷妄，即自悟佛道成，行誓願力。

【校釋】

〔一〕衆生無邊誓願度……無上佛道誓願成　四弘誓願的傳統提法是：「衆生無邊誓願度，煩惱無盡誓願斷，法門無量誓願學，佛道無上誓願成。」意即誓願度脱無邊衆生，誓願斷除無盡煩惱，誓願學習無量法門，誓願成就無上佛道。發此四種弘誓大願者，便是菩薩。

〔二〕「煩惱無邊誓願斷」，自心除虛妄　慧能以「虛妄」概括「無邊煩惱」，雖很簡要，並不確切。因爲，「煩惱」固屬「虛妄」，但「虛妄」並不都是「煩惱」。「凡所有相，皆是虛妄」，非獨「煩惱」爲然。

（二二）今既發四弘誓願訖，與善知識説無相懺悔〔一〕，原本無説字。滅三世罪障。原本無滅字。大師言：「善知識！前念、後念及今念，念念不被愚迷染，原本不重念字。從前惡行一時，原本如此，疑缺一字。自性若除即是懺。原本性作姓，懺下有悔字。前念、後念及今念，念念不被愚癡染〔二〕，原本無不字。除却從前矯誑心，原本誑作誰。永斷名爲自性懺。前念、後念及今念，原本無今念二字。念念不被疽疾染〔三〕，除却從前嫉妬心，原本嫉妬作疾垢。自性若除即是懺。」已上三唱。善知識！何名懺悔？懺者終身不作，原本無懺字。悔者知於前非惡業，恒不離心。諸佛前口説無益，我此法門中，永斷不作，名爲懺悔〔四〕。

【校釋】

〔一〕與善知識説無相懺悔　「無相懺悔」，義似「無相戒」。有罪可懺，有過可悔，都是有相的。既然無相，又何懺悔之有！

〔二〕念念不被愚癡染　「愚癡」，惠昕本作「憍誑」。

〔三〕不被疽疾染　疽，音蛆。説文：「疽，癰也。」則這裏用「疽疾」這個詞，顯然是不合適的。契嵩本（宗寶本同）作：「念念不被嫉妒染，所有惡業嫉妒等罪，悉皆懺悔。」意義比較明確。

〔四〕何名懺悔……名爲懺悔　惠昕本（契嵩本、宗寶本略同）作：「云何名懺？云何名悔？懺者懺其前愆，從前所有惡業愚迷、憍誑、疽妒（按：契嵩本、宗寶本「疽妒」作「嫉妒」，下同）等罪，悉皆盡懺，願（按：契嵩本、宗寶本「願」作「永」）不復起，是名爲懺。悔者悔其後過，從今已後，所有惡業愚迷、憍誑、疽妒等罪，今已覺悟，悉皆永斷，不復更作，是名爲悔。」

（二三）今既懺悔已，與善知識授無相三歸依戒〔一〕。原本授作受。大師言：「善知識！原本知作智。歸依覺〔二〕，原本依作衣。兩足尊〔三〕；歸依正，原本依作衣。離欲尊；原本無尊字。歸依浄，原本依作衣。衆中尊。從今已後，稱佛爲師，更不歸依餘邪迷外道〔四〕。原本依作衣，迷作名。願自三寶〔五〕，慈悲證明。原本證明作燈名。善知識！惠能勸善知識歸依三寶。原本重善字，依作衣。佛者，覺也；法者，正也〔六〕；僧者，浄也〔七〕。自心歸依覺，邪迷不生，原本迷作名。少欲知足，離財離色，名兩足尊〔八〕。自心歸依正〔九〕，念念無邪故，即無愛著，以無愛著，名離欲尊。自心歸依浄〔一〇〕，一切塵勞妄念，雖在自性，原本性作姓。自性不染著，原本性作姓。名衆中尊。凡夫不解，原本無不字。從日至日，受三歸依戒〔一一〕。原本依作衣。若言歸佛，佛在何處？若不見佛，即無所歸；既無所歸，言却是妄〔一二〕。善知識，各自觀察，莫錯用意。經中祇即言自歸依佛，不言歸依他佛〔一三〕；原本無依字。自性不歸，原本性作姓。無所依處。」原本無依字。

【校釋】

〔一〕與善知識授無相三歸依戒　「無相三歸依」，與「無相戒」「無相懺」的情況相類似：既稱無相，何論歸依！而且，「三歸依」祇是歸依，並不是戒，稱「三歸依戒」，於義欠通。

〔二〕歸依覺　佛者，覺也。「歸依覺」，即「歸依佛」。

〔三〕兩足尊　佛教宣稱：到了佛位，便福德圓滿，因而就萬德莊嚴；智慧圓滿，因而就智慧無量。福足、慧足，稱「兩足尊」。

〔四〕更不歸依餘邪迷外道　佛教通常貶稱佛教以外的各種思想流派爲「邪魔外道」，這裏稱「邪迷外道」，稍異常稱。

〔五〕願自三寶　佛教稱佛陀、教法、僧團爲佛、法、僧三寶。慧能講的是「自心」「自性」本來具有的「三寶」，所以稱「自三寶」。

〔六〕法者，正也　佛的教法，亦稱「正法」，訓「法」爲「正」，勉强可通。

〔七〕僧者，浄也　梵語「僧伽」，意譯爲「衆」，訓「僧」爲「浄」，於義欠通。

〔八〕離財離色，名兩足尊　以「離財」「離色」訓釋「兩足」，不僅不符合傳統教義，簡直是對佛陀的貶低。

〔九〕自心歸依正　原本無「依」字，今據惠昕等本補。

〔一〇〕自心歸依浄　原本無「依」字，今據惠昕等本補。

〔一一〕凡夫不解，從日至日，受三歸依戒　意謂：愚昧的凡夫，由於不了解「自心三寶」的意義，反而徒勞地日復一日地向外面去「受三歸依」。「凡夫不解」，惠昕等三本均作「凡夫不會」。改「解」爲「會」，更帶禪味。

〔一二〕若不見佛，即無所歸；既無所歸，言却是妄　「既無所歸」，而又言歸，豈非虚妄！這裏，慧能以「若不見佛，即無所歸」的命題，來否定通常意義上的「歸依佛」，它實已開啓日後呵佛狂禪的端倪。

〔三〕經中祇即言自歸依佛，不言歸依他佛　這裏的「經中」，在慧能原是泛指，實則應是華嚴經。華嚴經淨行品第十一説：「自歸於佛，當願衆生，紹隆佛種，發無上意。自歸於法，當願衆生，深入經藏，智慧如海。自歸於僧，當願衆生，統理大衆，一切無礙。」經文的意思是很清楚的：自己歸依了佛，同時也要祝願一切衆生都能如此（歸法、歸僧，義皆相同）。慧能硬把「自」字解釋爲「自心」「自性」，這實在是對經義的曲解！如果按照慧能的見解，那就不該稱做「歸依三寶」，而應該是「歸依自心」或「歸依自性」了！

（二四）今既自歸依三寶，原本依作衣。總各各至心，與善知識説摩訶般若波羅蜜法。善知識！雖念不解，惠能與説，各各聽。「摩訶般若波羅蜜」者，西國梵語，唐言「大智惠彼岸到」〔一〕。此法須行，不在口念。原本無念字。口念不行，如幻如化。原本無幻字。修行者，法身與佛等也〔二〕。何名「摩訶」？「摩訶」者，是「大」。心量廣大〔三〕，猶如虚空，若空心坐，原本若空作莫定，坐作座。即落無記空〔四〕。原本記作既。虚空能含日月星辰、大地山河，原本無虚空二字，河作何。一切草木、惡人善人、惡法善法、天堂地獄，盡在空中；世人性空〔五〕，亦復如是。

【校釋】

〔一〕大智惠彼岸到　「摩訶」，大義；「般若」，智慧；「波羅蜜」，到彼岸。這裏，「彼岸」不是彼岸世界，而是終極、徹底、究竟的意思。「般若波羅蜜」，意謂最高、最終極的智慧。

〔二〕此法須行……法身與佛等也　惠昕等三本均作：「此須心行，不在口念。口念心不行，如幻如化，如露如電。口念心行，即心口相應，本性是佛，離性無別佛。」

〔三〕心量廣大　本是在講般若之「大」，却又講起「心量廣大」，以及下一節的「性含萬法是大」等等，分明是在借題發揮了。

〔四〕即落無記空　「無記」，乃不思善惡、昏然蒙昧的一種心理狀態。

〔五〕世人性空　這裏的「性空」，與般若「性空」含義不同。般若「性空」，是一種全稱否定：無論是此岸之妄或彼岸之真，「一切皆空」——自性本空，謂之「性空」。而這裏（以及整個禪宗）所謂「性空」，則祇是一種特稱否定：祇空虛妄，不空真實——真如、佛性。真如、佛性（本性、自性），則是真有，而不是空。真性無妄，謂之「性空」。在邏輯範疇上，絕不可混淆般若與禪宗的根本區別。

（二五）性含萬法是大，萬法盡是自性〔一〕。原本性作姓。見一切人及非人，惡之與善，原本之作知。惡法善法，盡皆不捨，不可染著，由如虛空，名之爲大。此是摩訶行。迷人口念，智者心行。原本無行字。又有迷人，原本迷作名。空心不思，名之爲大，此亦不是。心量大，不行是小〔二〕。原本小作少。莫口空説，不修此行，非我弟子。

【校釋】

〔一〕萬法盡是自性　「萬法盡是自性」，較之「萬法盡在自性」、「真心」一元論的觀點，表達得更爲突出了：舉萬法本身，當體就是自性——真如、法性。以後禪宗的那種「青青翠竹，盡是法身；鬱鬱黄花，無非般若」的論調，不正是「萬法盡是自性」這種思想的合乎邏輯的發展嗎？

〔二〕心量大，不行是小　惠昕等三本均作：「心量大事，不行小道。」

（二六）何名般若？般若是智惠。一切時中，原本無切字。念念不愚，常行智惠，即名般若行。一念愚即般若絶，一念智即般若生。世人心中常愚，原本無世人二字。自言我修般若〔一〕。原本無自言二字。般若無形相，原本無般若二字。智惠性即是。何名波羅蜜？此是西國梵音，唐言彼岸到〔二〕。原本無唐字。解義離生滅，著境生滅起，原本境作竟，起作去。如水有波浪，即是於此岸〔三〕；離境無生滅，如水永長流〔四〕，故即名到彼岸〔五〕，故名波羅蜜。原本波作般。迷人口念，智者心行，當念時有妄，有妄即非真有；念念若行，是名真有〔六〕。

悟此法者，悟般若法，修般若行；不修即凡，一念修行，法身等佛〔七〕。善知識！即煩惱是菩提〔八〕。原本提下有捉字。前念迷即凡，後念悟即佛。善知識！摩訶般若波羅蜜，最尊、最上、第一，無住、無去、無來。三世諸佛從中出，將大智惠到彼岸，原本智作知。打破五陰〔九〕煩惱塵勞〔一〇〕，最尊、最上、第一。讚最上最上乘法〔一一〕，修行定成佛。無去、無住、無來往，是定惠等，不染一切法，三世諸佛從中變三毒〔一二〕爲戒定惠〔一三〕。

【校釋】

〔一〕世人心中常愚，自言我修般若　惠昕等三本均作：「世人愚迷，不見般若，口説般若，心中常愚，自言我修般若。」

〔二〕唐言彼岸到　「唐言」，惠昕本作「此言」。

〔三〕即是於此岸　「是於」，契嵩本、宗寶本作「名爲」。

〔四〕如水永長流　惠昕等三本此句均作「如水常流通」。

〔五〕……故即名到彼岸　以「水有波浪」喻「此岸」、「如水長流」喻「彼岸」，均不貼切。因爲，無論波浪、流水，均在河中（中流），不在兩岸。

〔六〕念念若行，是名真有　惠昕等三本均作：「念念若行，是名真性。」則「真有」即指「真性」，「真性」就是「真有」。可見慧能之禪，確非「空」宗。

〔七〕一念修行，法身等佛　惠昕本同；契嵩本、宗寶本則作：「一念修行，自身等佛。」鈴木校本據以改「法」爲「自」。其實，「法身等佛」要比「自身等佛」更妥切些。

〔八〕即煩惱是菩提　因爲「萬法盡是自性」——舉萬法本身都是真如、法性，所以，煩惱本身自然也就是菩提。諸法無行經卷下説：「菩提與貪欲，是一即非二……貪欲之實性，即是佛法性；佛法之實性，亦是貪欲性！」

〔九〕五陰　色（物質，人的形體）、受（感受）、想（思維）、行（意志）、識（意識——後四者爲人的心理活動）五者，舊譯「五陰」，新譯「五藴」。「陰」者，蔭蔽義；「藴者」，類義，聚義。

〔一〇〕打破五陰煩惱塵勞　意謂用大智慧的力量，來打破由五陰而引起的煩惱塵勞。煩惱就是塵勞。「煩惱塵勞」，同義反復。

〔一一〕讚最上最上乘法　疑衍一個「最上」。

〔一二〕三毒　貪、瞋、癡三者，能够毒害衆生的法身、慧命，故稱「三毒」。

〔一三〕爲戒定惠　稱爲「三學」——三種學處。凡是佛教徒，都應認真修學戒、定、惠，所以戒、定、惠被稱爲三種「學處」——簡稱「三學」。「三學」，是與「三毒」對稱的。「變三毒爲戒定惠」，亦即變「三毒」爲「三學」。佛經中所謂「我説婬、怒、癡，即是戒、定、惠」（婬、怒、癡，即貪、瞋、癡），就是這個意思。

（二七）善知識！我此法門，從一般若生八萬四千智惠。 原本無一般若生四字。**何以**

故？爲世有八萬四千塵勞〔一〕，若無塵勞，般若常在，不離自性。原本性作姓。悟此法者，即是無念、無憶、無著，原本憶作億。莫起誑妄，原本起誑作去誰。即自是真如性。原本性作姓。用智惠觀照，原本智作知。於一切法不取不捨，即見性成佛道。原本性作姓。

【校釋】

〔一〕八萬四千塵勞　即八萬四千煩惱。煩惱的「八萬四千」，同智慧的「八萬四千」，統係概數，並非確數。據説，世間衆生具有八萬四千煩惱，爲了對治這麽許多的煩惱，就得有相應數目的法門（智慧），所以便有了「八萬四千法門」，這裏稱爲「八萬四千智惠」。

（二八）善知識！若欲入甚深法界〔一〕、入般若三昧〔二〕者，直修般若波羅蜜行，但持金剛般若波羅蜜經一卷，即得見性〔三〕，入般若三昧。當知此人功德無量〔四〕，經中分明讚歎，原本明作名。不能具説〔五〕。此是最上乘法，爲大智上根人説；小根智人〔六〕，原本小作少。若聞此法〔七〕，心不生信。何以故？譬如大龍，若下大雨，雨於閻浮提〔八〕，原本於作衣。如漂草葉；若下大雨，雨於大海，原本於作放。不增不減。若大乘者〔九〕，聞説金剛經，心開悟解。故知本性自有般若之智，自用智惠觀照，原本智作知。不假文字〔一〇〕。譬如其雨水，不從天有，原本天作無。元是龍王於江海中，原本元作無。將身引此水，令一切衆生、一切草木、一切有情無情〔二〕，悉皆蒙潤。原本蒙作像。諸水衆流，却入大海，海納衆水，合爲一體。衆生本性般若之智，亦復如是。

【校釋】

〔一〕甚深法界　「界」，性義。「法界」，即「法性」（真如、佛性等等）的另一稱謂。

〔二〕般若三昧　這裏，「三昧」不作通常含義的「正定」（等持）解，而是「甚深」「究竟」的意思。「般若三昧」，猶言「甚深般若」「究竟般若」。

〔三〕但持金剛般若波羅蜜經一卷，即得見性　誦金剛經，即得見性。慧能始終是以佛性論者的觀點來理解金剛經、宣傳金剛經的。

〔四〕此人　即誦經、見性的人。

〔五〕不能具說　宣揚誦持金剛經者有無量功德的經文，充斥於金剛全經。這裏，且舉三例，以資參考：其一，依法出生分第八：「『須菩提！於意云何？若人滿三千大千世界七寶以用布施，是人所得福德寧爲多不？』須菩提言：『甚多，世尊……若復有人，於此經中，受持乃至四句偈等，爲他人說，其福勝彼！』」其二，無爲福勝分第十一：「『須菩提！如恒河中所有沙數，如是沙等恒河，於意云何？是諸恒河沙，寧爲多不？』須菩提言：『甚多，世尊！但諸恒河尚多無數，何況其沙？』『須菩提！我今實言告汝：若有善男子、善女人，以七寶滿爾所恒河沙數三千大千世界以用布施，得福多不？』須菩提言：『甚多，世尊！』佛告須菩提：

『若善男子、善女人，於此經中，乃至受持四句偈等，爲他人說，而此福德勝前福德！』」其三，如法受持分第十三：「……須菩提！若有善男子、善女人，以恒河沙等身命布施，若復有人，於此經中，乃至受持四句偈等，爲他人說，其福甚多！」金剛經之所以也引起了一些禪宗者流的興趣，受持此經、得大福報的說教，也許起了頗大的誘惑作用吧！

〔六〕小根智人　惠昕等三本均作「小根小智人」。即根器（義近禀賦）低劣、缺少智慧的人。

〔七〕若聞此法　原本無「此」字，今依義補。

〔八〕雨於閻浮提　「閻浮提」，新譯「贍部洲」。佛教傳說，以須彌山爲中心，東、南、西、北分四大洲：東勝神洲，南贍部洲，西牛賀洲，北俱盧洲。南贍部洲，即我們所處的這個世界。鈴木校本於此句下依惠昕等三本增補「城邑、聚落，悉皆漂流」八字，並加校注「原本無城邑、聚落，悉皆漂流八字」。今按：可不補。

〔九〕若大乘者　「大乘者」，即「大乘人」。「乘」，音剩，有道路、運載兩種含義。大乘，乃佛教兩大派別之一，係「小乘」的對稱。

〔一〇〕不假文字　這可說是日後禪宗標榜「不立文字」之所據。

〔一一〕一切有情無情　惠昕等三本均無「一切」，而作「令一切衆生、一切草木、有情無情，悉皆蒙潤」。

（二九）小根之人〔一〕，原本小作少。聞説此頓教，猶如大地草木根性自小者，原本小作少。若被大雨一沃，悉皆自倒，原本倒作到。不能增長；小根之人，原本小作少。亦復如是。有般若之智之〔二〕，與大智之人，亦無差別〔三〕，因何聞法即不悟？緣邪見障重，煩惱根深。猶如大雲，蓋覆於日，不得風吹，日無能現。般若之智，亦無大小〔四〕，爲一切衆生自有迷心，外修覓佛，未悟自性，原本未作來。即是小根人。聞其頓教，不假外修，原本假作信。但於自心，令自本性常起正見，煩惱塵勞衆生，當時盡悟〔五〕，猶如大海，納於衆流，小水大水，合爲一體，即是見性。内外不住，來去自由，能除執心，通達無礙，能修此行，原本能作心。即與般若波羅蜜經本無差別〔六〕。

【校釋】

〔一〕小根之人　「根」，謂「根機」「根器」「根性」，義近「稟賦」。佛教稱悟解高深者爲「上根」「利根」，與之對稱的爲「下根」「鈍根」。同時，在佛典中，一般有「大根器」之説，却也很少有祇稱「大根」的；所以，祇稱「小根」，也不確切——確切些説，應稱「小根器人」。

〔二〕有般若之智之　「智」下「之」字，疑衍。

〔三〕與大智之人，亦無差別　惠昕等三本均作：「元有般若之智，與大智人更無差別。」意謂小根器人本來具有的般若，同大智人並無差別。

〔四〕般若之智，亦無大小　意謂性具般若，本無大小。

〔五〕煩惱塵勞衆生，當時盡悟　意謂：祇要能於自心常起正見，即使是「煩惱塵勞衆生」，也能當下即悟——當下見性。

〔六〕即與般若波羅蜜經本無差別　按照慧能的觀點，説與般若「本無差別」，還説得通；説與般若「本無差別」，就不準確。因爲，般若講「空」，慧能説「有」（佛性），「有」之與「空」，根本不同！

（三〇）一切經書及文字，小大二乘，十二部經〔一〕，皆因人置，原本無人字。因智惠性故，故然能建立〔二〕。若無世人，原本若上有我字，世作智。一切萬法，本元不有〔三〕。原本元作無。故知萬法，本因人興；一切經書，因人説有。緣在人中有愚有智，原本愚上重有字。愚爲小人，原本小人作少故。智爲大人。迷人問於智者，原本迷人問作問迷人。智人與愚人説法，令彼愚者悟解心開〔四〕；原本彼作使，心作染。迷人若悟解心開，原本無解字。與大智人無別。故知不悟，即是佛是衆生〔五〕；一念若悟，即衆生是佛。原本生下有不字。故知一切萬法，盡在自身心中〔六〕，何不從於自心頓現真如本性？原本性作姓。菩薩戒經〔七〕云：原本經云作云經。「我本元自性清淨〔八〕。」原本元作願，性作姓。識心見性，自成佛道〔九〕。即時豁然，還得本心〔一〇〕。

【校釋】

〔一〕十二部經　「部」，類義。「十二部經」，又稱「十二分教」。全部佛經，按照文體、内容，歸納爲十二類（或十二部份），即：修多羅（契經、法本），祇夜（重頌），和伽羅那（授記），伽陀（孤起頌——純頌），優陀那（無問自説——不請自説），尼陀那（因緣），阿波陀那（譬喻），伊帝目多伽（本事），闍陀伽（本生），毗佛略（方廣），阿浮陀達摩（未曾有），優波提舍（論議）。有一頌謂：「長行（契經）、重頌並授記，孤起、無問而自説，因緣、譬喻及本事，本生、方廣未曾有，論議俱成十二名。」

〔二〕因智惠性故，故然能建立　惠昕等三本均作：「因智慧性，方能建立。」

〔三〕一切萬法，本元不有　惠昕等三本均作：「一切萬法，本自不有。」這裏的「萬法」，單指現象，不預本體。至若真如（法性、佛性等等）本體，則「本自具足」，是名「真有」。

〔四〕令彼愚者悟解心開　惠昕本作：「令其悟解心開。」

〔五〕即是佛是衆生　「即」下「是」字，疑衍。

〔六〕故知一切萬法，盡在自身心中　契嵩本、宗寶本作：「故知萬法，盡在自心。」

〔七〕菩薩戒經　即梵網經。

〔八〕我本元自性清浄　經文出處，詳見第一九節注〔五〕。

〔九〕識心見性，自成佛道　這兩句話，非經原文。

〔一〇〕即時豁然，還得本心　出維摩詰經，詳見第一九節注〔四〕。

（三一）善知識！我於忍和尚處，一聞言下大悟，原本悟作伍。頓見真如本性。是故將此教法，原本將此作汝。流行後代，令學道者頓悟菩提。原本令作今，悟作俉。各自觀心，令自本性頓悟。若不能自悟者，原本無不字。須覓大善知識示道見性。原本示作亦，性作姓。何名大善知識？原本無識字。解最上乘法，直示正路，原本示作是。是大善知識。是大因緣，所謂化道〔一〕，原本謂作爲。令得見性。原本性作佛。一切善法，皆因大善知識能發起故。三世諸佛，十二部經，云在人性中本自具有〔二〕。不能自悟，原本自下有姓字。須得善知識示道見性；若自悟者，不假外求善知識。原本無求字。若取外求善知識，望得解脱，原本脱作説。無有是處。識自心内善知識，即得解脱。原本無脱字。若自心邪迷，妄念顛倒，外善知識即有教授，救不可得。原本無救不可得四字。汝若不得自悟，當起般若觀照，刹那間，妄念俱滅，即是自真正善知識，一悟即知佛也〔三〕。自性心地，以智惠觀照，内外明徹，原本明作名。識自本心。若識本心，即是解脱，既得解脱，即是般若三昧。悟般若三昧，即是無念。何名無念？無念法者，見一切法，不著一切法；遍一切處，不著一切處。常淨自性，使六賊從六門走出〔四〕，於六塵中不離不染〔五〕，來去自由，即是般若三昧，自在解脱，名無念行。若百物不思，原本若作莫。當令念絶，即是法縛，原本縛作傳。即名邊見〔六〕。悟無念法者，萬法盡通；悟無念法者，見諸佛境界；悟無念頓法者，至佛位地。

【校釋】

〔一〕所謂化道　「道」，同「導」。

〔二〕云在人性中本自具有　這裏的「人性」，不是通常意義上的人性，而是指人人本具的佛性。

〔三〕一悟即知佛也　惠昕等三本均作：「若識自性，一悟即至佛地。」

〔四〕六賊　即眼、耳、鼻、舌、身、意六識。禪宗中人，以六識攀緣外境，使人喪失本性（自性），故形象地稱「六識」爲「六賊」。鈴木校本據惠昕等三本改「賊」爲「識」，似可不必。

六門　即眼、耳、鼻、舌、身、意六根。六識從六門走出，故稱爲「門」（其實，「走出」之說，並不確切）。

〔五〕六塵　即色、聲、香、味、觸、法。以能染污本性，故稱爲「塵」。

〔六〕邊見　一邊之見。

（三二）善知識！後代得吾法者，原本吾作悟。常見吾法身不離汝左右。善知識！將此頓教法門，同見同行，發願受持，如事佛故，原本事作是。終身受持而不退者，欲入聖位〔一〕，然須傳受將從上已來嘿然而付於法〔二〕，原本傳作縛。發大誓願，不退菩提，即須分付。若不同見解，無有志願，在在處處，勿妄宣傳，損彼前人，究竟無益。若遇人不解，謾此法門，百劫萬劫千生〔三〕，斷佛種性。

【校釋】

〔一〕欲入聖位 惠昕本同。契嵩本、宗寶本作「定入聖位」。「定」字較確。

〔二〕然須傳受將從上已來嘿然而付於法 「受」，似應作「授」。「將」字，疑衍。「於」，似應作「之」。這句話，惠昕等三本均作：「然須傳受從上以來默傳分付，不得匿其正法。」

〔三〕百劫萬劫千生 惠昕等三本均作「百劫千生」。

（三三）大師言：「善知識！聽吾説無相頌，原本吾作悟，頌作訟。令汝迷者罪滅，原本迷作名。亦名滅罪頌。頌曰：

愚人修福不修道，謂言修福而是道〔一〕。原本無道字。

布施供養福無邊，心中三惡元來造〔二〕。原本惡作業，元作無，造作在。

若將修福欲滅罪，後世得福罪元在〔三〕。原本元作無，在作造。

若解向心除罪緣，各自性中真懺悔。原本性作世，悔作海。

若悟大乘真懺悔〔四〕，原本悔作海。除邪行正即無罪。

學道之人能自觀，即與悟人同一例〔五〕。

大師令傳此頓教，願學之人同一體〔六〕。

若欲當來覓本身，三毒惡緣心中洗〔七〕。

努力修道莫悠悠〔八〕，忽然虛度一世休〔九〕。
若遇大乘頓教法〔一〇〕，虔誠合掌至心求。」原本至作志。

大師説法了〔一一〕，韋使君、官寮、僧衆、道俗，讚言無盡，昔所未聞。

【校釋】

〔一〕謂言修福而是道　惠昕等三本均作「祇言修福便是道」。

〔二〕心中三惡元來造　「三惡」，原本作「三業」，大正藏本同。惠昕等三本均作「三惡」。「三惡」，當指貪、瞋、癡三毒；「三業」，則指身業、語業、意業。

〔三〕後世得福罪元在　惠昕等三本均作「後世得福罪還在」。意謂：要想以修福來滅罪，則即使後世得福，而罪還在，光靠修福並不能滅罪。

〔四〕若悟大乘真懺悔　惠昕等三本「若悟」均作「忽悟」。

〔五〕學道之人能自觀，即與悟人同一例　惠昕等三本均作：「學道常於自性觀，即與諸佛同一類。」

〔六〕大師令傳此頓教，願學之人同一體　惠昕等三本均作：「吾祖惟傳此頓法，普願見性同一體。」「大師令傳」，係法海口氣，非；「吾祖惟傳」，是。「吾祖」，指達磨或者弘忍。

〔七〕若欲當來覓本身，三毒惡緣心中洗　惠昕等三本均作：「若欲當來覓法身，離諸法相心中洗。」

〔八〕努力修道莫悠悠　惠昕等三本均作「努力自見莫悠悠」。

〔九〕忽然虚度一世休　惠昕等三本均作「後念忽絶一世休」。

〔一〇〕若遇大乘頓教法　惠昕等三本均作「若悟大乘得見性」。

〔一一〕大師説法了　即慧能於大梵寺説法完了。印順認爲：「壇經有原始部份，附編部份。壇經從大梵寺開法（大梵寺説法）——『法壇』或『施法壇』的開法記録得名，是主體部份……這一部份的成立，是慧能生前。附編部份，是慧能入滅以後，將慧能平日接引弟子的機緣，付囑，臨終的情形，身後安葬等，集録而附編於壇經，也就稱爲壇經了。」（中國禪宗史頁二六六）這樣説來，則前三三節，爲大梵寺説法部份（頁二—四五），亦即壇經的主體部份，係慧能生前的「開法記録」。第三四節以後，則爲附編部份，係由集録者在慧能入滅以後「集録而附編於壇經」的。印順此説，與某些日本學者（如宇井伯壽等）的觀點頗相近，可供參考。

（三四）使君禮拜，白言：原本白作自。「和尚〔一〕説法，實不思議，弟子當有少疑，欲問和尚，原本問作聞。望意和尚大慈大悲，爲弟子説。」大師言：「有疑即問，原本疑作議，問作聞。何須再三。」使君問：原本問作聞。「法可不是西國弟一祖達磨祖師宗旨〔二〕？」原本重不字。大師言：「是。」「弟子見説，達磨大師化梁武帝。原本化作伐，帝作諦。問達磨：『朕一生已來，原本已作未。造寺、布施、供養，有功德否？』原本重有字。達磨答言：『並無功德。』武帝惆悵，遂遣達磨出境〔三〕。未審此言，請和尚説。」六祖言：「實無功德，使君勿疑達磨大師言。原本君下有朕字。武帝著邪道，不識正法。」使君問：「何以無功德？」和尚言：「造寺、布施、供養，祇是修福，不可將福以爲功德。功德在法身，原本無功德二字。非在於福田。自法性有功德，平直是德〔四〕。内見佛性，原本無内見二字。外行恭敬。若輕一切人，吾我不斷，原本吾作悟。即自無功德。自性虚妄，法身無功德〔五〕。念念德行，平等直心，原本直作真。德即不輕。常行於敬，自修身即功，自修心即德。原本修下有身字。功德自心作，福與功德别。武帝不識正理，非祖大師有過。」

【校釋】

〔一〕和尚　義近「導師」，原是一種尊稱。後來，漸漸變成了一種泛稱、甚至貶稱了。

〔二〕法可不是西國第一祖達磨祖師宗旨　「西國第一祖達磨祖師」的提法不確，應作「第一祖西國達磨師祖」。因爲，按照傳説，在西國達磨爲「第二十八祖」，而非「第一祖」。此句，惠昕等三本均作「可不是達磨大師宗旨乎」，鈴木校本據以在「宗旨」下面加一「乎」字，可不必。

〔三〕遂遣達磨出境　上述達磨化梁武帝云云，祇是傳説，並非史實。

〔四〕自法性有功德，平直是德　惠昕等三本均作：「見性是功，平等是德。」

〔五〕自性虚妄，法身無功德　惠昕等三本均作：「自性虚妄不實，即自無德。」

（三五）使君禮拜，又問：「弟子見僧道俗常念『阿彌大佛』〔一〕，願往生西方。請和尚説，得生彼否？原本得作德。望爲破疑。」大師言：「使君聽，惠能與説。世尊在舍衛國〔二〕，説西方引化，經文分明，去此不遠〔三〕。祇爲下根説近〔四〕，説遠祇緣上智〔五〕。人有兩種，原本有作自，種作重。法無不一〔六〕。原本無一字。迷悟有殊，原本迷作名。見有遲疾。迷人念佛生彼，悟者自淨其心。所以佛言：『隨其心淨，則佛土淨。』〔七〕使君！東方人但淨心無罪，原本無人字。西方人心不淨有愆〔八〕。原本無人字。迷人願生東方、西方者〔九〕，所在處並皆一種。心但無不淨，西方去此不遠；心起不淨之心，念佛往生難到。除十惡〔一〇〕，原本無十字。即行十萬；無八邪〔一一〕，即過八千〔一二〕。但行直心，原本直作真。到如彈指。原本彈作禪。使君！但行十善〔一三〕，何須更願往生〔一四〕？不斷十惡之心，何佛即來迎請？若悟無生頓法，見西方祇在刹那；不悟頓教大乘，念佛往生路遥，如何得達？」六祖言：「惠能與使君移西方刹那間，原本間作問。目前便見，原本目作日。使君願見否？」使君禮拜：「若此得見，何須往生〔一五〕？願和尚慈悲，爲現西方，大善！」大師言：「唐見西方無疑〔一六〕。」即散。大衆愕然，莫知何是。大師曰：「大衆，大衆作意聽〔一七〕，世人自色身是城，眼、耳、鼻、舌、身即是城門，外有五門，原本五作六。内有意門。心即是地，性即是王，性在王在，性去王無。性在，身心存；性去，身心壞。原本無心字。佛是自性作，莫向身求〔一八〕。自性迷，佛即衆生；自性悟，衆生即是佛。慈悲即是觀音〔一九〕，喜捨名爲勢至〔二〇〕，能淨是釋迦，平直是彌勒〔二一〕。原本直作真。人我是須彌〔二二〕，邪心是大海，煩惱是波浪，毒心是惡龍，塵勞是魚鱉，虚妄即是神鬼，三毒即是地獄，愚癡即是畜生，十善是天堂〔二三〕。無人我，原本無人我作我無人。須彌自倒；除邪心，海水竭；煩惱無，波浪滅；毒害除，魚龍絶。自心地上覺性如來，施大智惠光明，照耀六門清淨，照破六欲諸天下〔二四〕。原本破作波。三毒若除，地獄一時消滅，内外明徹，不異西方。不作此修，如何到彼？」座下聞説，原本聞作問。讚聲徹天，應是迷人了然便見。原本了作人。使君禮拜讚言：「善哉！善哉！普願法界衆生〔二五〕，聞者一時悟解。」

【校釋】

〔一〕阿彌大佛　即阿彌陀佛。唐音「陀」「大」相近。鈴木校本改「大」爲「陀」，似可不必。

〔二〕世尊在舍衛國　「世尊」，乃佛的十號之一。十號爲：如來、應供、正徧知、明行足、善逝、世間解、無上士、調御丈夫、天人師、佛——世尊。如果把「佛」與「世尊」分開，則實爲十一號。舍衛國，即中印度的憍薩羅國。因首都叫舍衛城，故亦稱舍衛國。

〔三〕去此不遠　阿彌陀經：「爾時佛告長老舍利弗：『從是西方，過十萬億佛土，有世界名曰極樂；其土有佛，號阿彌陀。』」一個佛土，即一個佛國、佛世界，其疆域即「三千大千世界」——用現代的話說，一千個太陽系，爲一個「小千世界」；一千個小千世界，爲一個「中千世界」；一千個中千世界，爲一個「大千世界」。「大千世界」裏包括了三個「千」，故稱「三千大千世界」。此去西方，距離十萬億個三千大千世界，何得謂之不遠！

〔四〕祇爲下根說近　下根之人，志氣低劣，把去西方的距離說得近些，比較容易啓發他們的信心和激發他們向往的勇氣；如果說得太遠，他們就會望而生畏，喪失信心。惠昕等三本均作「說遠爲其下根」。鈴木校本據以改「近」爲「遠」，反而有失原意。「下根」，義見第二九節注〔一〕。

〔五〕說遠祇緣上智　上智之人，勇猛無畏，距離再遠，也無所懼。所以就對他們把去西方的距離說得遠一些。惠昕等三本均作「說近爲其上智」。鈴木校本據以改「遠」爲「近」，同樣有失原意。其實，在阿彌陀經裏，此去西方祇有十萬億佛土的一種距離，並無什麼遠、近之說；說近、說遠，乃是慧能杜撰的，是於經無據的。

〔六〕法無不一　惠昕等三本均作「法無兩般」。

〔七〕隨其心浄，則佛土浄　語見維摩經佛國品第一：「若菩薩欲得浄土，當浄其心；隨其心浄，則佛土浄。」

〔八〕西方人心不浄有愆　惠昕本帶頭，在此句下面又加進了如下兩句：「東方人造罪，念佛求生西方；西方人造罪，念佛求生何國？」把慧能寫成了從根本上否定浄土的人。

〔九〕迷人願生東方、西方者　原本「西」下無「方」字，今參照惠昕等本補。惠昕等三本均作：

「凡愚不了自性，不識身中浄土，願東願西；悟人在處一般。」鈴木校本「西」改作「兩」，連在下句：「兩者所在處，並皆一種。」但上句衹説「迷人願生東方」，並未提及「西方」，所以它與下句的「兩者」就聯繫不起來。而且，一般説來，「迷人」都是願生西方的，單提「迷人願生東方」，也於義欠通。

〔一〇〕除十惡　「十惡」，即十種惡業：殺生、偷盜、邪婬（以上身三業），妄言、綺語、兩舌、惡口（以上口四業），貪欲、瞋恚、愚癡（以上意三業）。

〔一一〕八邪　「八正道」的反面。即：邪見、邪思維、邪語、邪業、邪命、邪精進、邪念、邪定。

〔一二〕即過八千　「十萬八千」。慧能的意思是説，此去西方，相距十萬八千里。袾宏在其彌陀疏鈔卷四中説：「壇經又言：『西方去此，十萬八千里。』是錯以五天竺等爲極樂也。五天、震旦，同爲娑婆穢土，何須分別，願東願西？而極樂自去此娑婆十萬億土。蓋壇經皆學人記録，寧保無訛！」他在竹窗三筆六祖壇經中也説：「六祖不識字，一生靡事筆研。壇經皆他人記録，故多訛誤。其十萬八千、東方西方等説，久已辨明。」袾宏不敢直斥慧能的錯誤，故衹能委過於壇經的記録者。其實，「十萬八千」之説，完全有可能是出自慧能之口。

〔一三〕十善　即十種善業：不殺生、不偷盜、不邪婬、不妄言、不綺語、不兩舌、不惡口、不貪欲、不瞋恚、不愚癡。

〔一四〕何須更願往生　袾宏竹窗三筆六祖壇經中説：「……中又云：『但修十善，何須更願往生？』夫十善，生天之因也。無佛出世，輪王乃以十善化度衆生。六祖不教人生西方見佛，而但使生天可乎？其不足信明矣。故知執壇經而非淨土者，謬之甚者也。」袾宏之意，仍在於表明：「何須更願往生」之説，並非真的出自慧能之口，而乃記録者之訛誤。其實，這仍不過是一種迴護慧能之説而已。

〔五〕使君禮拜：若此得見，何須往生　惠昕本：「皆頂禮言：『若此處見，何須更願往生？』」契嵩本、宗寶本：「衆皆頂禮云：『若此處見，何須更願往生？』」

〔六〕唐見西方無疑　「唐」，疑應作「當」。

〔七〕大衆作意聽　「作意」，用心之意。

〔八〕莫向身求　鈴木校本於「身」字下面加一「外」字，非。「佛是自性作」——自性是佛，並非自身是佛，所以不能向身求佛。「莫向身外求」，反而有可以向身求佛之嫌。

〔九〕觀音　即觀世音菩薩，爲「西方三聖」（彌陀、觀音、勢至）之一。

〔一〇〕勢至　即大勢至菩薩，爲「西方三聖」之一。

〔一一〕彌勒　即彌勒菩薩，係釋迦牟尼的接班人，因而被稱爲「未來佛」，俗稱「彌勒佛」。

〔一二〕須彌　即須彌（意爲「妙高」）山，爲佛教幻想的世界中心。

〔一三〕天堂　佛教的「天堂」，不同於基督教的「天國」。「天國」，係彼岸性世界，乃永生的地方。而「天堂」，乃六道（天、人、阿修羅、地獄、餓鬼、旁生）之一，仍未超出輪迴。

〔一四〕照破六欲諸天下　原本「天下」下面有一「照」字，疑衍。鈴木校本於此「照」字上加「自性內」三字，並加校注：「原本無自性内三字。」但「自性内照」這句話，同「照耀六門清淨，照破六欲諸天下」很難聯繫起來。「六欲諸天」，指佛教所講的欲界（有兩性之間的情慾，包括人間、天上）、色界（有形體而無情慾，所以衹有男性而無女性）、無色界（連形體都没有的幽靈世界）的三界之一的欲界裏的「六天」：四天王天，忉利天，夜摩天，兜率天，樂變化天，他化自在天。「六欲諸天下」，意即天上、人間。

〔二五〕法界衆生　這裏的「法界」，與「法性」的含義不同，乃一切法的邊際之意，義同「無量」。「法界衆生」，即「無量衆生」。

（三六）大師言：「善知識！若欲修行，在家亦得，不由在寺。在寺不修，如西方心惡之人；在家若修行，如東方人修善。但願自家修清净，即是西方。」原本西作惡。使君問：「和尚！原本無尚字。在家如何修，願爲指授。」大師言：「善知識！原本知作智。惠能與道俗作無相頌，盡誦取，依此修行，原本依作衣。常與惠能一處無別。原本能下有説字。頌曰：

説通及心通〔一〕，如日至虛空，惟傳頓教法〔二〕，出世破邪宗。

教即無頓漸，迷悟有遲疾，若學頓教法〔三〕，愚人不可迷。

説即雖萬般，原本雖作須。合離還歸一〔四〕，煩惱暗宅中，常須生惠日。

邪來因煩惱，正來煩惱除，邪正悉不用，原本悉作疾。清净至無餘〔五〕。

菩提本清净，起心即是妄，净性於妄中，但正除三障〔六〕。

世間若修道，一切盡不妨，常見在己過，原本見作現。與道即相當。
色類自有道，離道別覓道，覓道不見道，到頭還自惱〔七〕。
若欲覓真道，原本覓真作貪覓。行正即是道，自若無正心，暗行不見道。
若真修道人，不見世間過，原本過作愚。若見世間非，自非却是左〔八〕。
他非我有罪〔九〕，我非自有罪，但自去非心，打破煩惱碎。
若欲化愚人，是須有方便，勿令彼有疑，原本彼有作破彼。即是菩提現〔一〇〕。原本現作見。
法元在世間，於世出世間，勿離世間上，外求出世間〔一一〕。
邪見是世間，原本是作出。正見出世間，邪正悉打却〔一二〕。
此但是頓教〔一三〕，亦名爲大乘〔一四〕，迷來經累劫〔一五〕，悟則剎那間。」

【校釋】

〔一〕說通及心通　這句頌意，取自劉宋譯楞伽，原文是「宗及說通相」。「宗通」亦即「心通」。「說通」，則指對於教理的通達。

〔二〕惟傳頓教法　惠昕等三本均作「惟傳見性法」。

〔三〕若學頓教法　惠昕等三本均作「祇此見性門」。

〔四〕合離還歸一　惠昕等三本「離」均作「理」。

〔五〕清浄至無餘　「無餘」，指「無餘涅槃」。佛教宣稱有兩種涅槃：一種證得涅槃而人尚活着，還有身命存在，這叫做「有餘涅槃」；再一種證得涅槃而人也死了，「灰身泯智」，什麽都没有了，這叫做「無餘涅槃」。

〔六〕但正除三障　「三障」是：煩惱障，業障，苦報障。煩惱、業、苦報三者，都能障蔽法身、正道，故稱爲「障」。

〔七〕色類自有道……到頭還自惱　這一頌，惠昕等三本均作：「色類自有道，各不相妨惱，離道别覓道，終身不見道。」

〔八〕自非却是左　「左」，可作「更甚」解。意謂：修道的人，如果總是看世間的過非，那末，自己的過非就更大！

〔九〕他非我有罪　鈴木校本改「有」爲「無」，反失壇經原意。壇經原意爲：如見「他非」，這本身就是自己的罪過！這句話，惠昕等三本均作「他非我不非」。

〔一〇〕即是菩提現　惠昕等三本均作「即是自性現」，則「菩提」當指「自性菩提」。

〔一一〕法元在世間……外求出世間　惠昕等三本均作：「佛法在世間，不離世間覺，離世覓菩提，恰如求兔角！」

〔一二〕邪正悉打却　按：鈴木校本據惠昕等三本於此處補「菩提性宛然」一句。

〔一三〕此但是頓教　惠昕等三本「但」均作「頌」。

〔一四〕亦名爲大乘　惠昕等三本均作「亦名大法船」。

〔一五〕迷來經累劫　惠昕等三本「來」均作「聞」。

（三七）大師言：「善知識！原本知作智。汝等盡誦取此偈，依偈修行，去惠能千里，常在能邊；此不修，對面千里。各各自修，法不相待。原本待作持。衆人且散，惠能歸漕溪山〔一〕，衆生〔二〕若有大疑，來彼山間，爲汝破疑，同見佛世。」合座官寮、道俗，原本寮作奪。禮拜和尚，無不嗟歎：「善哉大悟〔三〕，昔所未聞，原本聞作問。嶺南有福，生佛在此〔四〕，誰能得智〔五〕。」一時盡散。

【校釋】

〔一〕漕溪山　「漕」，一般均無「水」旁。曹溪，在今廣東曲江縣境。慧能於此開山。曹溪通志卷一記載：「山初未有名。因魏武（按：指曹操）玄孫曹叔良避地居此，以姓名村（按：稱曹侯村）。而水自東繞山而西，經村下，故稱曹溪……唐龍朔元年，師自黄梅得法南歸……曹叔良等率衆，遂於寶林寺（建於梁代）故址，建營梵宇，延祖居之。四衆雲集，俄成寶坊。此寺之中興也……宋太祖開寶初……賜名南華寺。」

〔二〕衆生　「生」字，疑衍；或係「人」字之誤。

〔三〕善哉大悟　此句費解。或「悟」係「教」字之誤。「大教」，亦即「頓教」。聽了昔所未聞的「大教」，所以皆歎「善哉」！

〔四〕生佛在此　既視慧能其人如「佛」，自當奉慧能之言爲「經」。

〔五〕誰能得智　「能」疑當作「不」。「誰不得智」，猶言「無不開悟」。惠昕本作「豁然大悟」。契嵩本、宗寶本作「無不省悟」。

（三八）大師往漕溪山〔一〕，韶、廣二州行化四十餘年〔二〕。若論門人，僧之與俗三五千人説不盡。若論宗旨，原本旨作指。傳授壇經，以此爲依約；原本依作衣。若不得壇經，即無稟受。須知去處、年、月、日、姓名，原本去作法，姓作性。遞相付囑。原本遞作遍。無壇經稟承，非南宗弟子也。原本弟作定。未得稟承者，雖説頓教法，未知根本，終不免諍。原本終作修。但得法者，祇勸修行，諍是勝負之心，與道違背〔三〕。

【校釋】

〔一〕往漕溪山　中國禪宗史：「……可見慧能的住處，是不止一處的；略序的『蘭若十三所』，應有事實的根據。慧能在曹溪，住的寺院不一定，所以壇經等祇泛説曹溪山。」（頁二一八）

〔二〕行化四十餘年　按：如以慧能從唐高宗儀鳳元年（六七六）正式開山傳法算起，到唐玄宗先天二年（七一三）去世，中間祇有三十七年。因此，行化並無「四十餘年」。但是，關於慧能行履的時間，特別是自見弘忍以至傳法活動的年代，由於傳説、推算的不同，便出現了各種不同的記載。即以行化的時間來説，就有如下的不同記載：神會語録：「（能禪師）居曹溪，來往四十年。」別傳：「大師在日，受戒、開法、度人，三十六年。」歷代法寶記：「能禪師至韶州曹溪，四十餘年開化。」劉禹錫大鑒禪師第二碑：「（大鑒）三十出家，四十七年而殁。」惠昕本壇經（第四〇節）：「大師出世，行化四十年。」契嵩本（宗寶本同）壇經（付囑流通第十）：「師春秋七十有六；年二十四傳衣，三十九祝髮，説法利生三十七載。」因此，印順得出結論説：在有關慧能事蹟的年代方面，「也是無法統一的。」（中國禪宗史頁一八七）在涉及慧能弘化的年代問題上，現代的中外學者，大抵依違於上述各説之間。宋高僧傳慧能傳，除生卒年外，其它有關事蹟的具體年代，一概從略，這也算是一種比較簡便的作法。

〔三〕大師往漕溪山……與道違背　這一節非慧能所説，乃法海的敘述（也很有可能是後來增加的）。

（三九）世人盡傳〔一〕南能、北秀，原本南下有宗字，北作比。未知根本事由。且秀禪師於南荊府當陽縣玉泉寺住持修行〔二〕，原本府作符，當作堂，持作時。惠能大師〔三〕於韶州城東三十五里漕溪山住。法即一宗，人有南北，原本北作比，因此便立南北。何以漸頓？法即一種，見有遲疾，見遲即漸，見疾即頓。法無頓漸，人有利鈍，故名漸頓。

【校釋】

〔一〕世人盡傳　「傳」，鈴木校本據惠昕本改作「言」，似可不必。世人相傳，並不比世人言説更差些。

〔二〕當陽縣　即今湖北當陽縣境。

〔三〕惠能大師　從「惠能大師……」的行文看來，這一節也非慧能之言，而是法海（或後人）加的。

（四〇）神秀師常見人説，惠能法疾直指路〔一〕。原本指作旨。秀師遂喚門人僧志誠〔二〕，原本喚作换。曰：「汝聰明多智，汝與吾至漕溪山，到惠能所，禮拜但聽，莫言吾使汝來。所聽得意旨，原本得作德。記取，却來與吾説，看惠能見解與吾誰疾遲。汝弟一早來，勿令吾恠〔三〕。」原本恠作垥。志誠奉使歡喜，遂半月中間，即至漕溪山，見惠能和尚，原本尚作當。禮拜即聽，不言來處。志誠聞法，原本誠作城。言下便悟，即契本心。起立，即禮拜，白言：原本白作自。「和尚！弟子從玉泉寺來〔四〕，秀師處不得契悟，原本得作德。聞和尚説，便契本心。和尚慈悲，願當教示〔五〕。」原本教作散。惠能大師曰：「汝從彼來，原本彼作被。應是細作〔六〕。」原本細作紬。志誠曰：「未説時即是，説了即不是。」原本説了即不是作説乃了即是。六祖言：「煩惱即是菩提，亦復如是。」

【校釋】

〔一〕法疾直指路　「路」字，疑衍。

〔二〕唤門人僧志誠　景德録卷五：「志誠禪師者，吉州太和人也。少於荆南當陽山玉泉寺奉事神秀禪師。」

〔三〕勿令吾恠　「恠」，乃「怪」字的俗寫。

〔四〕弟子從玉泉寺來　惠昕本略同。這是志誠主動説明自己是「從玉泉寺來」的。景德録卷五則作：「至韶陽，隨衆參請，不言來處。時六祖告衆曰：『今有盗法之人，潛在此會。』師出禮拜，具陳其事。」契嵩本（宗寶本因之）據以改爲：「志誠稟命至曹溪，隨衆參請，不言來處。時祖師告衆曰：『今有盗法之人，潛在此會。』志誠即出禮拜，具陳其事。」把主動申明，變爲被迫出首。其用意，乃在於神化慧能。

〔五〕願當教示　既然已「契本心」，又要「教示」什麽？「當」，疑作「常」。

〔六〕應是細作　「細作」，即奸細。

（四一）大師謂志誠曰：「吾聞汝禪師教人，原本汝作與。唯傳戒定惠〔一〕，汝和尚教人戒定惠如何？原本汝作與。當爲吾説。」志誠曰：原本誠作城。「秀和尚言戒定惠：諸惡不作名爲戒，諸善奉行名爲惠，自浄其意名爲定。此即名爲戒定惠。彼作如是説，不知和尚所見如何？」惠能和尚答曰：「此説不可思議，惠能所見又別。」志誠問：原本誠作城。「何以別？」惠能答曰：「見有遲疾。」志誠請和尚説所見戒定惠。原本誠作城。大師言：「汝聽吾説，原本汝上有如字，吾作悟。看吾所見處：原本吾作悟。心地無非自性戒，原本無下有疑字，性作姓。心地無亂是自性定，原本性作姓。心地無癡是自性惠。」原本是自性惠作自姓是惠。能大師言：「汝師戒定惠，原本無師字。勸小根諸人；吾戒定惠，勸上人。得悟自性，原本悟作吾，無性字。亦不立戒定惠。」志誠言：原本誠作城。「請大師説，不立如何？」大師言：「自性無非、無亂、無癡，原本性作姓。念念般若觀照，常離法相，原本常作當。有何可立？自性頓修，原本性作姓。立有漸次，契亦不立〔二〕。」志誠禮拜，便不離漕溪山，即爲門人，不離大師左右。

【校釋】

〔一〕唯傳戒定惠　契嵩本（宗寶本因之）在此問前，尚有如下問答：「師曰：『汝師若爲示衆？』對曰：『常指誨大衆住心觀静，長坐不卧。』師曰：『住心觀静，是病非禪！長坐拘身，於理何益？』」則「住心觀静，是病非禪」一類的指責，原是慧能對神秀發的。而胡適却又從壇經第一四節「善知識！又見有人教人坐，看心看浄，不動不起，從此置功。迷人不悟，便執成顛，即有數百般如此教道者，故知大錯」一段話中的「有人」云云，作了一篇内證文章。他説：

「後人不知道此……所攻擊的禪學是什麽……今取神會語録校之，便可知……此種禪出自北宗門下的普寂，又可知此種駁議不會出於慧能生時，乃是神會駁斥普寂的話。神會語録之文如下：『遠師問：「嵩岳普寂禪師，東岳降魔禪師，此二大德皆教人凝心入定，住心看淨，起心外照，攝心内證，指此以爲教門。禪師今日何故説禪不教人凝心入定，住心看淨，起心外照，攝心内證？何名爲坐禪？」和尚答曰：「若教人凝心入定，住心看淨，起心外照，攝心内證者，此是障菩提。今言坐者，念不起爲坐，今言禪者，見本性爲禪。」』」(胡適論學近著第一集荷澤大師神會傳)胡適從而得出結論説：「我們必須先看神會這些話，然後可以了解壇經中所謂看心、看淨是何物。如果看心、看淨之説是普寂和降魔藏的學説，則慧能生時不會有那樣嚴重的駁論，因爲慧能死時，普寂領衆不過幾年，他又是後輩，慧能怎會那樣用力批評？但若把壇經中這些話看作神會駁普寂的話，一切困難便都可以解釋了。」(同上)爲了把壇經説成是神會的作品，胡適總是這樣尋求内證的。不過，我們如果不把所謂「看心、看淨之説」看成「是普寂和降魔藏的學説」，而看成是神秀的學説，把壇經中這些話看作是慧能批駁神秀的話，那末，胡適遇到的「一切困難」怕都難以解釋了！本來，合乎邏輯的推論方法應該是：普寂的思想(如果他真的有那種思想的話)原是來自他的老師神秀；而神會的觀點，則是從他的老師慧能那兒學來的。所以，神會語録中對於普寂的批判，絶不能取代壇經中慧能對於神秀的批判。在這裏，胡適又把師弟之間的相承關係給搞顛倒了！

〔三〕……立有漸次，契亦不立　「次」原本作「此」，「亦」原本作「以」，均據文義改。這兩句話的意思是說：立有戒、定、慧「三學」的漸次者，乃是爲那些一時還不能悟入真如、佛性者説的；一旦契悟了真如、佛性，自然也就不用再立什麽「三學」的漸次了。這也正是壇經所謂「得悟自性，亦不立戒定慧」「念念般若觀照，常離法相，有何可立」之意。而惠昕等三本却都把這兩句話改成了：「自性自悟，頓悟頓修，亦無漸次，所以不立一切法。佛言（按：「佛言」，契嵩本、宗寶本作「諸法」）寂滅，有何次第？」鈴木校本則改爲：「亦無漸契，所以不立。」並加校注云：「原本亦無漸契，所以不立作立有漸此，契以不立。」對照壇經原文，即可看出三本之改與鈴木之校，都是不符合壇經原意的。

（四二）又有一僧名法達〔一〕，常誦法華經七年，心迷不知正法之處：「經上有疑，大師智惠廣大，願爲決疑。」原本決作時。大師言：「法達！法即甚達，汝心不達；經上無疑〔二〕，原本疑作癡。汝心自邪，而求正法。吾心正定，即是持經。吾一生已來，不識文字，汝將法華經來，對吾讀一遍，吾聞即知。」原本聞作問，知作之。法達取經到，對大師讀一遍〔三〕，六祖聞已，原本聞作問。即識佛意，便與法達説法華經。原本與作汝。六祖言：「法達，法華經無多語，七卷盡是譬喻因緣〔四〕。原本因作内。如來廣説三乘〔五〕，祇爲世人根鈍，經文分明，原本文分作聞公。無有餘乘，唯一佛乘。」大師言：原本無言字。「法達！汝聽一佛乘，莫求二佛乘〔六〕，迷却汝性。原本性作聖。經中何處是一佛乘？與汝説。原本與汝作汝與。經云：『諸佛世尊，唯以一大事因緣故，出現於世。』（已上十六字是正法〔七〕。）原本字作家。此法如何解？原本無此字。此法如何修？汝聽吾說：人心不思，本源空寂，離却邪見，即一大事因緣〔八〕。原本事作是。內外不迷，即離兩邊。外迷著相，原本著作看。內迷著空，於相離相，於空離空，即是內外不迷〔九〕。悟此法，原本悟作吾。一念心開，出現於世。心開何物〔一〇〕？開佛知見。佛猶如覺也，分爲四門：開覺知見，示覺知見，悟覺知見，入覺知見〔一一〕；開、示、悟、入，從一處入。原本從作上。即覺知見，見自本性，即得出世。」大師言：「法達！吾常願一切世人，原本吾作悟。心地常自開佛知見，莫開衆生知見。世人心邪，原本無邪字。愚迷造惡，自開衆生知見；世人心正，起智惠觀照，自開佛知見。原本知作智。莫開衆生知見，原本知作智。開佛知見即出世。」原本知作智。大師言：「法達！此是法華經一乘法。原本華作達。向下分三，爲迷人故。原本迷作名。汝但依一佛乘。」原本依作於。大師言：「法達！心行轉法華，不行法華轉；心正轉法華，心邪法華轉〔一二〕。開佛知見轉法華，原本知作智。開衆生知見被法華轉〔一三〕。」原本知作智。大師言：「努力依法修行，即是轉經。」法達一聞，言下大悟，涕淚悲泣，白言：原本白作自。「和尚！實未曾轉法華，原本曾作僧。七年被法華轉；已後轉法華，念念修行佛行〔一四〕。」大師言：「即佛行是佛。」其時聽人無不悟者。原本無作元。

【校釋】

〔一〕又有一僧名法達　景德録卷五：「洪州法達禪師者，洪州豐城人也。七歲出家，誦法華經。進具之後，來禮祖師，頭不至地。祖呵曰：『禮不投地，何如不禮！汝心中必有一物，蘊習何事耶？』師言：『念法華經已及三千部。』祖曰：『汝若念至萬部，得其經意，不以爲勝，則與吾偕行；汝今負此事業，都不知過。聽吾偈曰：禮本折慢幢，頭奚不至地？有我罪即生，亡功福無比。』祖又曰：『汝名什麼？』對曰：『名法達。』祖曰：『汝名法達，何曾達法？』復説偈曰：『汝今名法達，勤誦未休歇。空誦但循聲，明心號菩薩。汝今有緣故，吾今爲汝説。但信佛無言，蓮華從口發。』師聞偈悔過曰：『而今而後，當謙恭一切。惟願和尚大慈，略説經中義理。』」契嵩本、宗寶本把上述文字全部抄入壇經之中。

〔二〕經上無疑　此句下鈴木校本根據惠昕等三本增補「汝心自疑」一句，並加校注：「原本無汝心自疑四字。」今按：此句可不補。

〔三〕對大師讀一遍　惠昕本同。契嵩本、宗寶本作：「法達即高聲念經，至方便品，師曰：『止！』」按：鳩摩羅什譯法華經近七萬字，通讀一遍，費時頗長。方便品，爲什譯法華二十八品中的第二品，在第一卷中，讀到此爲止，自然合乎情理一些（也就是僞得更巧妙一些）。

〔四〕七卷盡是譬喻因緣　惠昕本作「十卷盡是譬喻因緣」。原來，法華共有三個譯本：西晉竺法護譯，題爲正法華經，十卷，二十七品；姚秦鳩摩羅什譯，題爲妙法蓮華經，七卷，二十八品；隋闍那崛多譯，題爲添品妙法蓮華經，七卷，二十七品。則「十卷」者，當是指晉譯法華。

但在唐代（以及以後），「三經重沓，文旨互陳，時所宗尚，皆弘秦本」（道宣語）。所以，法達所誦者（假如真的有這麽一回事），不大可能是十卷本法華。至於説七卷法華「盡是譬喻因緣」，也不確切。爲了説明問題，兹將什譯法華二十八品品目以及每一品的中心内容，轉録於下，以資參考：

序品第一　開發正宗之端緒也。
方便品第二　爲上根猛利直説法體。
譬喻品第三　爲中根稍鈍，以譬喻得解。
信解品第四　中根領悟，喻説。
藥草喻品第五　如來述成，喻説。
授記品第六　中根得記，喻説。
化城喻品第七　爲下根甚鈍故，説宿世因緣。
五百弟子受記品第八　下根無學，得記因緣。
授學無學人記品第九　下根有學，得記因緣。
法師品第十　推尊顯勝，勸持。
見寶塔品第十一　示諸佛説，示修證道。
提婆達多品第十二　顯法妙利，顯功行妙。
勸持品第十三　聖衆願持，顯功行妙。

安樂行品第十四　持經妙行，正修三業。

從地踴出品第十五　顯妙法智力，顯本蹟之妙。

如來壽量品第十六　顯如來壽量，本無生滅。

分別功德品第十七　聞法獲益，顯聞持之妙。

隨喜功德品第十八　明暫持功德，顯聞持之妙。

法師功德品第十九　明圓持功德，顯聞持之妙。

常不輕菩薩品第二十　明持經廣利，顯聞持之妙。

如來神力品第二十一　嘉讚經德，發起流通。

囑累品第二十二　傳續妙法，付授流通。

藥王菩薩本事品第二十三　以苦行成圓通之德，苦行流通。

妙音菩薩品第二十四　以妙行成實相之德，妙行流通。

觀世音菩薩普門品第二十五　以圓行成最上之德，圓行流通。

陀羅尼品第二十六　以神力外護助成，弘護流通。

妙莊嚴王本事品第二十七　以正力內助轉邪，轉邪流通。

普賢菩薩勸發品第二十八　以常行成不朽之德，常行流通。

（見通行本法華經卷首）

可以看出，說「譬喻」「因緣」的，衹是七卷法華中的部份內容，並非通篇盡是。至於契嵩本、宗寶本作「此經元來以因緣出世爲宗」，也不確切。因爲，諸佛世尊都是「唯以一大事因緣故，出現於世」，非獨釋迦爲然，非止法華爲然。看來，這種對於法華內容的「點睛」概括，很大程度上是出於壇經的編纂者（改編者）之手，所以才出現其說不一、説而不確的情況。

〔五〕廣説三乘　「三乘」爲：大乘，即菩薩乘；中乘，即緣覺乘（以自智力，觀察十二因緣而悟道者，稱爲「緣覺」；由於是「無師自悟」，亦稱「獨覺」）；小乘，即聲聞乘（聞佛道聲而悟道者，稱爲「聲聞」，即「阿羅漢」）。

〔六〕莫求二佛乘　「二佛乘」之説不確。要説「佛乘」，祇能「唯一」；如説「二乘」，非皆「佛乘」。

〔七〕已上十六字　「十六字」指：「諸佛世尊，唯以一大事因緣故，出現於世。」語出法華經方便品：「所以者何？諸佛世尊，唯以一大事因緣故，出現於世。舍利弗！云何名諸佛世尊唯以一大事因緣故出現於世？諸佛世尊，欲令衆生開佛知見、使得清淨故，出現於世；欲示衆生佛之知見故，出現於世；欲令衆生悟佛知見故，出現於世；欲令衆生入佛知見道故，出現於世。舍利弗！是爲諸佛以一大事因緣故出現於世。」

〔八〕即一大事因緣　把「本源空寂，離却邪見」，説成「即一大事因緣」，這又是慧能的信口而説，因爲它並不符合法華原意。

〔九〕即是内外不迷　原本作「即是不空迷」。鈴木校本據惠昕等本改爲「即是内外不迷」。並作校注：「原本内外不迷作不空迷。」今從之。

〔一〇〕心開何物　這表明，於自心中，是有物可開的。於此益可想見，所謂「本來無一物」之説，確非慧能思想！惠昕本作「心開何事」。改「物」爲「事」，乃是爲了避免有「物」之嫌。但「事」不也就是事物嗎？而且，較之「心開何物」，「心開何事」在文字上還有些欠通哩。

〔一〕佛猶如覺也……入覺知見　惠昕等三本均無「如」字，較確。「知」，同「智」。「知見」，即佛的智慧、見解，亦即「佛智」。開、示、悟、入佛之知見，亦即開、示、悟、入佛智。佛爲開、示，弟子悟、入，合而稱爲「開、示、悟、入」。

〔二〕心行轉法華……心邪法華轉　慧能之與金剛，也應作如是觀：是慧能轉金剛，而不是金剛轉慧能！

〔三〕被法華轉　契嵩本、宗寶本此處還有如下頌文：「心迷法華轉，心悟轉法華，誦經久不明，與義作讎家！無念念即正，有念念成邪，有無俱不計，長御白牛車。」顯然是後加的。

〔四〕念念修行佛行　契嵩本、宗寶本最後法達還有如下讚偈：「經誦三千部，曹溪一句亡。未明出世旨，寧歇累生狂。羊、鹿、牛（按：即「三車」，喻「三乘」）權設，初、中、後善揚。誰知火宅內，元是法中王。」自然也是後加的。

（四三）時有一僧名智常〔一〕，來漕溪山，禮拜和尚，問四乘法義〔二〕。原本問作聞。智常問和尚曰：原本問作聞。「佛説三乘，又言最上乘，弟子不解，望爲教示。」原本教作敬。惠能大師曰：「汝自身心見〔三〕，莫著外法相，元無四乘法，人心不量四，等法有四乘〔四〕：見聞讀誦是小乘，悟法解義是中乘，原本無法字。依法修行是大乘，原本依作衣。萬法盡通、萬行俱備、原本行作幸。一切無雜、原本雜作離。但離法相、作無所得〔五〕，原本得作德。是最上乘〔六〕。最上乘是最上行義，原本無乘上最上二字。不在口諍。汝須自修，莫問吾也。」原本吾作悟。

【校釋】

〔一〕時有一僧名智常　景德録卷三：「信州智常禪師者，本州貴谿人也。髫年出家，志求見性。一日參六祖。」

〔二〕問四乘法義　「四乘法義」，出於法華。法華經譬喻品第三：「時諸子等各白父言：『父先所許翫好之具羊車、鹿車、牛車，願時賜與。』舍利弗！爾時長者各賜諸子等一大車，其車高廣……駕以白牛……舍利弗！若有衆生，内有智性，從佛世尊聞法信受，殷勤精進，欲速出三界，自求涅槃，是名聲聞乘。如彼諸子，爲求羊車，出於火宅。若有衆生，從佛世尊聞法信受，勤修精進，求自然慧，樂獨善寂，深知諸法因緣，是名辟支佛（按：「辟支佛」，義爲「緣覺」或「獨覺」）乘。如彼諸子，爲求鹿車，出於火宅。若有衆生，從佛世尊聞法信受，勤修精進，求一切智、佛智、自然智、無師智、如來知見、力、無所畏，愍念安樂無量衆生，利益天人，度脱一切，是名大乘……如彼諸子，爲求牛車，出於火宅。舍利弗！如彼長者，見諸子等，安隱得出火宅，到無畏處……等以大車而賜諸子。如來亦復如是，爲一切衆生之父……初説三乘引導衆生，然後但以大乘而度脱之……舍利弗！以是因緣，當知諸佛，方便力故，於一佛乘，分别説三。」這是把通常所説的「三乘」，比做羊、鹿、（黄）牛車；把法華教義，比做「大白牛車」——唯一佛乘。天台宗人便根據這一思想，把自己置於高出各家的「圓教」地位。

〔三〕汝自身心見　「見」，觀察義，悟解義。這句話的意思是説：你應該向自己内心中去觀察、求悟。鈴木校本據惠昕本把這句話改爲「汝向自身見」。並作校注：「原本向自身作自身心。」有「身」無「心」，殊失原意。因爲，禪宗講究「明心見性」「見性成佛」，却從無有講「明身見性」「見身成佛」的。契嵩本、宗寶本作「汝觀自本心」，倒較確切。

〔四〕人心不量四，等法有四乘　「人心不量四」，頗費解（因是頌文，「等」字必須連下句讀）。鈴木校本改「量」爲「唯」——「人心不唯四等」，亦費解。惠昕本作：「無四乘法，人心自有四等。」契嵩本、宗寶本作：「法無四乘，人心自有等差。」意思尚較明白。

〔五〕但離法相，作無所得　鈴木校本改「但」爲「且」，反不如原文妥切。惠昕等三本均作：「離諸法相，一無所得。」

〔六〕……是最上乘　慧能對於「四乘」的解釋，完全是隨自意的。他的意思在於説明：一般教義，屬「三乘」法；祇有他的「頓悟」法門，纔是「最上乘」。

（四四）又有一僧名神會，南陽人也〔一〕。至漕溪山禮拜，問言：「和尚坐禪，原本坐禪作禪座。見亦不見？」大師起，把打神會三下，却問神會：「吾打汝，痛不痛？」神會答言：「亦痛亦不痛。」六祖言曰：「吾亦見亦不見。」神會又問大師：「何以亦見亦不見？」大師言：「吾亦見者，原本無者字。常見自過患，故云亦見。亦不見者，不見天、地、人過罪。所以亦見亦不見也。原本無不下見字。汝亦痛亦不痛如何？」神會答曰：「若不痛，即同無情木石；若痛，即同凡夫，原本無夫字。即起於恨。」大師言：「神會向前，見不見是兩邊，痛不痛是生滅。原本無不痛二字。汝自性且不見，敢來弄人。」神會禮拜，原本神會作禮拜。更不言。大師言：「汝心迷不見，問善知識覓路；汝心悟自見，原本汝作以。依法修行。汝自迷不見自心，原本迷作名。却來問惠能見否。吾不自知，代汝迷不得；汝若自見，代得吾迷〔二〕，何不自修，問吾見否？」神會作禮，便爲門人，不離漕溪山中，常在左右〔三〕。

【校釋】

〔一〕又有一僧名神會，南陽人也　宋高僧傳卷八神會傳：「釋神會，姓高，襄陽人也。年方幼學，厥性惇明，從師傳授五經，克通幽賾。次尋莊老，靈府廓然。覽後漢書，知浮圖之說，由是於釋教留神，乃無仕進之意。辭親投本府國昌寺顥元法師下出家。其諷誦羣經，易同反掌；全大律儀，匪貪講貫。聞嶺表曹侯溪慧能禪師盛揚法道，學者駿奔。乃斆善財南方參問，裂裳裹足，以千里爲跬步之間耳。」景德録卷五：「西京荷澤神會禪師者，襄陽人也，姓高氏。

年十四爲沙彌，謁六祖。」則神會應爲襄陽人。

〔二〕吾不自知……代得吾迷　惠昕等三本均作：「吾見自知，豈代汝迷？汝若自見，亦不代吾迷。」

〔三〕常在左右　契嵩本（宗寶本因之）在這段的末尾，還增加了如下一段：「一日，師告衆曰：『吾有一物，無頭無尾，無名無字，無背無面，諸人還識否？』神會出曰：『是諸佛之本源，神會之佛性。』師曰：『向汝道無名無字，汝便喚作本源、佛性。汝向去有把茆蓋頭（按：「把茆蓋頭」，意謂用一把茆草蓋在頭上以遮風雨），也祇成個知解宗徒！』會後入京洛，大弘曹溪頓教，著顯宗記，行於世（按：宗寶本此處還有『是爲荷澤禪師』六個小字夾注）。師見諸宗難問，咸起惡心，多聚座下，愍而謂曰：『學道之人，一切善念、惡念，應當盡除。無名可名，名於自性；無二之性，是名實性。於實性上，建立一切教門，言下便須自見。』諸人聞説，總皆作禮，請事爲師。」這一段話，顯然是神會之徒在後來加進去的。值得注意的，倒是「吾有一物」的説法，它是對「本來無一物」的直接否定！

（四五）大師遂喚門人法海、志誠、法達、智常、志通〔一〕、志徹〔二〕、志道〔三〕、法珍〔四〕、法如〔五〕、神會〔六〕，大師言：「汝等拾弟子近前，汝等不同餘人，吾滅度後〔七〕，汝各爲一方頭，吾教汝説法，不失本宗。舉三科法門，原本無三字。動三十六對，出没即離兩邊。説一切法，莫離於性相。若有人問法，出語盡雙，皆取法對〔八〕，來去相因，究竟二法盡除〔九〕，更無去處。三科法門者，蔭、界、入。蔭，是五蔭〔一〇〕；界，是十八界；原本無是字。入，原本無入字。是十二入。何名五蔭？色蔭、受蔭、想蔭、原本想作相。行蔭、識蔭是。何名十八界？六塵，六門〔一一〕，六識。何名十二入？外六塵，中六門。何名六塵？色、聲、香、味、觸、法是。原本味作未，觸作獨。何名六門？眼、耳、鼻、舌、身、意是。法性起六識：眼識、耳識、鼻識、舌識、身識、意識，六門，六塵。自性含萬法，名爲含藏識〔一二〕。思量即轉識〔一三〕，生六識，出六門六塵〔一四〕，是三六十八。由自性邪，起十八邪；若自性正，原本若作含，無正字。起十八正。原本無起字。若惡用即衆生，原本若作含。善用即佛。用由何等？原本由作油。由自性。」原本由作油。

【校釋】

〔一〕志通　景德録卷五：「壽州智通禪師者，壽州安豐人也。初看楞伽經約千餘遍，而不會三身（按：即法、報、化三身）、四智（按：即大圓鏡智、平等性智、成所作智、妙觀察智）。禮師，求解其義。」

〔二〕志徹　景德録卷五：「江西志徹禪師者，江西人也。姓張氏，名行昌，少任俠。自南、北分化，二宗主雖亡彼我，而徒侶競起愛憎。時北宗門人自立秀師爲第六祖，而忌能大師傳衣爲天下所聞。然祖是菩薩，預知其事，即置金十兩於方丈。時行昌受北宗門人之囑，懷刃入祖室，將欲加害。祖舒頸而就，行昌揮刃者三，都無所損。祖曰：『正劍不邪，邪劍不正。祇負汝金，不負汝命。』行昌驚仆，久而方甦，求哀悔過，即願出家。祖遂與金，云：『汝且去，恐徒衆翻害於汝，汝可他日易形而來，吾當攝受。』行昌稟旨宵遁，終投僧出家，具戒精進。一日憶祖之言，遠來禮覲。祖曰：『吾久念於汝，汝何來晚？』曰：『昨蒙和尚捨罪，今雖出家苦行，終難報於深恩，其唯傳法度生乎？』」神秀門下派人行刺，可能確有其事，但上述記載，顯然是後來僞託的。

〔三〕志道　景德録卷五：「廣州志道禪師者，南海人也，參六祖。」

〔四〕法珍　不詳。

〔五〕法如　不詳。

〔六〕法海……神會　以上共拾弟子。按：景德録卷五（傳法正宗記卷七同）記載慧能法嗣，共四十三人，名單如下：

1西印度崛多	2韶州法海	3吉州志誠	4匾擔山曉了
5河北智隍	6洪州法達	7壽州智通	8江西志徹
9信州智常	10廣州志道	11廣州印宗	12青原行思
13南嶽懷讓	14温州玄覺	15司空山本淨	16婺州玄策
17曹谿令韜	18西京慧忠	19荷澤神會——「已上一十九人，見録」。	

20韶州祇陀　21杭州净安　22嵩山尋禪師　23羅浮山定真
24南嶽堅固　25制空山道進　26善快　27韶山緣素
28宗一　29會稽善現　30南嶽梵行　31并州自在
32西京咸空　33峽山泰祥　34光州法净（一説此人即是法如）
35清涼山辯才　36廣州吴頭陀　37道英　38智本
39廣州法真（一説此人即是法珍）　40玄楷　41曇璀
42韶州刺史韋璩　43義興孫菩薩——「已上二十四人，無機緣語句，不録。」

〔七〕吾滅度後　「滅度」，即「涅槃」之義，實即死了。自歸寂滅，不再度人，故稱「滅度」。

〔八〕皆取法對　惠昕本同。契嵩本、宗寶本作「皆取對法」，鈴木校本據改。其實，「法對」（亦即「出語盡雙」之義）、「對法」，含義相同，没有改的必要。

〔九〕究竟二法盡除　「二法」，泛指生滅、有無、常斷、染净、來去等等二相之法。

〔一〇〕蔭，是五蔭「蔭」，一般無草頭。

〔一一〕六門　即「六根」。

〔一二〕自性含萬法，名爲含藏識　這是楞伽思想。「自性」，即真如、法性，又稱「如來藏」。「藏識」，即阿賴耶識。楞伽卷五：「大慧！如來藏是善不善因，能偏興造一切趣生（按：「趣」，即六趣——六道；「一切趣生」，即一切六道衆生，亦即一切衆生。其實，這一説法是不完全的，因爲，「如來藏」——「真如」，不但能偏興造一切衆生，而且能偏興造一切萬有，也就是它能興造一切主、客體世界）……無始虛僞惡習所熏，名爲藏識。」如來藏，則本性清浄。這是説，「本性清浄」「能徧興造一切趨生」的如來藏，由於爲「無始虛僞惡習所熏」，一變而成了藏識。

〔三〕思量即轉識　這説的是第七識。成唯識論卷四：「次第二能變，是識名末那，依彼轉、緣彼，思量爲性、相。」末那識，就是意識（第七識叫「意識」，是意即識；第六識也叫「意識」，是意之識）。它依彼第八阿賴耶識生起（轉），又「恒審思量」第八識爲我（緣彼），所以「思量」就成了它的特點。

〔四〕六塵　鈴木校本據惠昕等本在「六」字上加一「見」字。嚴格説來，「見六塵」，並不確切。因爲，六塵之中，衹有「色塵」是視覺對象，可以稱「見」；其餘五塵，均非視覺對象，稱「見」是不通的。所以，如果改「見」爲「緣」——「緣六塵」，倒確切些。

（四六）「對。外境無情對有五〔一〕：天與地對，日與月對，暗與明對，陰與陽對，水與火對。

語與言對、法與相對有十二對〔二〕：有爲、無爲對〔三〕，有色、無色對，有相、無相對，有漏、無漏對，色與空對，動與靜對，原本静作浄。清與濁對，凡與聖對，原本聖作性。僧與俗對，老與少對，大與小對，原本小作少，重大、少二字。長與短對，高與下對。

自性起用對有十九對〔四〕：原本性下有居字。邪與正對，癡與惠對，愚與智對，亂與定對，戒與非對，直與曲對，原本曲作典。實與虚對，嶮與平對，煩惱與菩提對，慈與害對，原本害作空。喜與瞋對，捨與慳對，進與退對，生與滅對，常與無常對，法身與色身對，化身與報身對，體與用對，性與相對，原本無對字。有情、無親對〔五〕。原本情作清。

言語與法相有十二對，内外境有無五對，恐當作外境無情有五對。三身有三對，恐當作自性起用有十九對。都合成三十六對〔六〕法也。

此三十六對法，解用通一切經，出入即離兩邊。如何自性起用三十六對？共人言語，出外，於相離相；原本無於下相字。入内，於空離空。著空，即惟長無明；原本明作名。著相，即惟長邪見。原本無即、長二字。謗法：直言『不用文字』。既云『不用文字』，人不合言語；言語即是文字〔七〕！自性上説空，正語言本性不空。迷自惑，語言除故〔八〕。暗不自暗，以明故暗；原本明作名。暗不自暗，可疑，此句恐當作明不自明，以暗故明。以明變暗〔九〕，原本明作名，變恐當作顯。以暗現明，來去相因。三十六對，亦復如是〔一〇〕。」此一段誤脱不少，難訂正，當參興聖寺本。

【校釋】

〔一〕外境無情對有五　「外境無情」，猶言無情的外境，即指天、地、日、月等等的自然現象。

〔二〕語與言對、法與相對有十二對　惠昕等三本均作「法相、語言十二對」。鈴木校本作「語言、法相對有十二對」。「有爲、無爲」等等，屬於「法相」——邏輯範疇；「凡與聖」等等，屬於「語言」——名詞、概念。「有十二對」，實爲十三對。惠昕等三本均作：「法相、語言十二對：語與法對，有與無對，有色與無色對，有相與無相對，有漏與無漏對，色與空對，動與靜對，清與濁對，凡與聖對，僧與俗對，老與少對，大與小對。」惠昕等三本較法海本多一「語與法對」，改「有爲、無爲對」爲「有與無對」，減去「長與短對」「高與下對」，爲「十二對」。

〔三〕有爲、無爲對　原本無「對」字，今參照惠昕等本補。此句惠昕等三本均改作「有與無對」。

〔四〕自性起用對有十九對　「邪」「正」等等，實則都是從自性中所生起的一些作用，所以叫做「自性起用對」。「有十九對」，實爲二十對。惠昕等三本均作：「自性起用十九對：長與短對，邪與正對，癡與慧對，愚與智對，亂與定對，慈與毒對，戒與非對，直與曲對，實與虛對，險與平對，煩惱與菩提對，常與無常對，悲與害對，喜與瞋對，舍與慳對，進與退對，生與滅對，法身與色身對，化身與報身對。」内容小異，數則「十九」。

〔五〕有情、無親對　「親」，應作「情」。

〔六〕都合成三十六對　實爲三十八對。中國禪宗史：「三十六對，分外境無情的五對，語言法相的十二對，自性起用的十九對，這是經中所没有的分類法。這三大類，大概是依器界，有情（如凡聖、僧俗、老小等）法，即影取三世間而立的。」（頁二二二）

〔七〕言語即是文字　惠昕本此句下面還有：「又云直道不立文字，即此兩字，亦是文字。」契嵩本、宗寶本則作：「又云直道不立文字，即此『不立』兩字，亦是文字。」

〔八〕自性上說空……語言除故　這幾句話頗費解，恐有脫誤。

〔九〕以明變暗　惠昕等三本均作「以明顯暗」。

〔一〇〕……亦復如是　興聖寺本六祖壇經第四八節末尾還有如下一段：「設有人問：『何名爲暗？』答云：『明是因，暗是緣，明沒即暗，以明顯暗，以暗現明，來去相因，成中道義。餘問，悉皆如此。』」鈴木認爲「當從興聖寺本」。其實，參興聖寺本則可，從興聖寺本則不可。因爲：其一，興聖寺本其實不過是惠昕本的一種校改本。印順說：「……於政和六年（一一一六）再刊，傳入日本，被稱爲『大乘寺本』。紹興二十三年（一一五三）刊本，傳入日本，被稱爲『興聖寺本』。大乘寺本與興聖寺本，品目與本文，雖有多少修改，但分爲二卷十一門，是相同的，都是惠昕的編本。」（中國禪宗史頁二七三）而且，興聖寺本也有不少後來的東西。其二，興聖寺本裏所講的，也並不都是那麼確切的，例如，「明是因，暗是緣」的說法，就很不確切。

（四七）大師言：「十弟子！已後傳法，遞相教授一卷壇經，原本壇作檀。不失本宗〔一〕。不稟受壇經，原本受作授，壇作檀。非我宗旨。如今得了，遞代流行。得遇壇經者，原本壇作檀。如見吾親授〔二〕。」拾僧得教授已，寫爲壇經，原本壇作檀。遞代流行，得者必當見性〔三〕。

【校釋】

〔一〕……不失本宗　日本忽滑谷快天在其禪學思想史上卷第十一章第一節裏，首先指出了六祖壇經付囑第十章中所云，乃係「後人假託之詞」；同時又引述了空谷景隆尚直編卷下裏如下的一段話：「六祖大師法寶壇經第十付囑章曰『師一日喚法海』，此處起首，至於『轉相教授，勿失宗旨』，共計七百七十七字，此是金天教之人僞造邪言，增入刊板，未革之弊也。詳覽壇經之意，祇是一統説去，分爲十章者，亦是金天所分也。」按：空谷所指，係宗寶本壇經。我們雖然不清楚空谷作此論斷的依據，但我們相信空谷此説不無道理。按照這一説法，則從上述第四五節「大師遂喚門人法海」直至第四七節「遞相教授一卷壇經，不失本宗」，這兩節多的文字，均屬後人僞造的！從上述文字中的某些内容看來，確乎不大像是慧能的思想。例如「八識」，這原是唯識教義，大力提倡「頓悟」説的慧能，很難説他對於唯識思想會發生興趣。再如，從思想方法上説來，慧能是一個標準的形而上學者，在他的頭腦裏，會有諸如「三十六對」這類富有辯證法的思想，也是很難令人理解的。總之，説上述這兩節多的文字，是後人「僞造邪言，增入刊板」到壇經裏去的，當不會是無稽之談。

〔二〕如見吾親授　按：壇經之稱，當必是在慧能去世之後方纔出現的。慧能生前即親自以壇經授人，也是值得懷疑的。

〔三〕得者必當見性　宇井伯壽也認爲這第四十七節是「後人附加」的（詳見禪宗史研究第一章壇經考，下同）。按：印順在中國禪宗史一書裏曾經指出：「宇井伯壽作壇經考（載第二禪宗史研究》，在鈴木大拙區分全部爲五十七節的基礎上，保留了三十七節爲原本，以其餘的爲神會門下所增益。」（頁二六九）同時印順還指出：「但他的方法是主觀的，不容易爲人所授受。」（同上）

（四八）大師先天二年八月三日滅度。七月八日，喚門人告別。大師先天元年原本無先字。於新州國恩寺造塔，原本新作幛。至先天二年七月告別。大師言：「汝衆近前，吾至八月，原本吾作五。欲離世間，汝等有疑早問，爲汝破疑，原本汝作外。當令迷盡，原本迷下有者字。使汝安樂。原本汝作與。吾若去後，無人教汝。」原本人作入，汝作與。法海等衆僧聞已，涕淚悲泣，唯有神會不動，亦不悲泣。六祖言：「神會小僧，却得善不善等，原本無不善二字。毁譽不動。餘者不得，原本餘作除。數年山中，更修何道〔二〕？汝今悲泣，更有阿誰憂吾不知去處在？若不知去處，終不别汝。汝等悲泣，即不知吾去處；原本無去字。若知去處，即不悲泣。性本無生無滅，原本本作聽。無去無來。汝等盡坐，原本坐作座。吾與汝一偈——真假動静偈，原本汝作如，静作浄。汝等盡誦取。原本汝作與。見此偈意，與吾意同；原本與作汝，吾下無意字。依此修行，原本依作於。不失宗旨。」僧衆禮拜，請大師留偈，敬心受持。原本持作特。偈曰：

一切無有真，不以見於真，若見於真者，原本於作衣。是見盡非真。
若能自有真，離假即心真，自心不離假，無真何處真〔二〕？
有情即解動，原本情作性。無情即不動，原本情作性。若修不動行，同無情不動。
若見真不動，動上有不動，不動是不動，無情無佛種〔三〕。原本種作衆。
能善分別相，弟一義不動，若悟作此見，則是真如用〔四〕。
報諸學道者，努力須用意，莫於大乘門，却執生死智。
前頭人相應，即共論佛義，原本義作語。若實不相應，合掌令勸善。
此教本無諍，無諍失道意〔五〕，執迷諍法門，自性入生死〔六〕。

【校釋】

〔一〕唯有神會不動……更修何道　宇井伯壽認爲：這幾句話，是神會系統的人，在後來加進壇經的。其用意，在於表示慧能對於神會的「印可」，從而美化神會。而且，此時神會已四十六歲（或四十四歲），又安得稱之爲「小僧」！中國禪宗史也説：「慧能對大衆而獨讚神會，應該是荷澤門下壇經傳宗時所附益。」（頁二二三）同時，該書還對神會的年齡作了考證：「神會的生年多少，有九十三歲説，七十五歲説。近代學者大抵採取九十三歲説，因王維受神會所托作六祖能禪師碑銘（全唐文卷三二七），曾這樣説：『弟子曰神會，遇師於晚景，聞道於中年。』慧能於先天二年(七一三)去世,如神會生年七十五,那時僅有二十六歲,便不能說是『中年』。如爲九十三歲,那時神會四十四歲。三十多歲來見慧能,便與『聞道於中年』相合。然『生年七十五』,是早期的傳說,神會門下的傳說,應該給予有利的考慮……我以爲:在古代抄寫中,『中年』可能爲『沖年』的別寫。『中』與『沖』,是可以假借通用的……神會十四歲來謁六祖,正是『聞道於沖年』……那末神會生年七十五歲,應生於垂拱四年(六八八)。慧能入滅時,神會二十六歲,受具足戒不久,所以有『神會小僧』的傳說。」(頁二八二—二八四)按:按照律制,年已二十六歲的比丘,也不宜稱之爲「小僧」。

〔二〕一切無有真……無真何處真　以上,是講「真假」義。

〔三〕無情無佛種　「佛種」,也就是「佛性」。「無情無佛種」,也就是「無情無佛性」。神會繼承了這一觀點。神會語録第三〇節說:「牛頭山袁禪師問:『佛性遍一切處否?』答曰:『佛性遍一切有情,不遍一切無情。』問曰:『先輩大德皆言道:「青青翠竹,盡是法身;鬱鬱黃花,無非般若。」今禪師何故言道:「佛性獨遍一切有情,不遍一切無情?」』答曰:『豈將青青翠竹同於功德法身?豈將鬱鬱黃花等般若之智?若青竹、黃花同於法身、般若者,如來於何經中說與青竹、黃花授菩提記?若是將青竹、黃花同於法身、般若者,此即外道說也。』」其實,嚴格說來,「無情無性」論,按照「真心」一元論——「真如緣起」論的教義,是說不通的。因爲,「佛性」就是「真如」。而作爲世界本原的「真如」,是遍一切處的,也就是既遍於「有情」,也遍於「無情」的。正是根據這一理論,唐代的天台宗人便正式提出了「無情有性」的觀點（在此之前，隋代的吉藏就已有了這種觀點），也就是説，「無情」之物，也具有「佛性」。所以，慧能（神會承襲之）提出「無情無佛種」的説法，並非通論。

〔四〕有情即解動……則是真如用　以上，是講「動静」義。

〔五〕無諍失道意　此句費解。惠昕等三本均作「諍即失道意」，較通。

〔六〕……自性入生死　既然一切衆生都是由「真如」（自性、本性）興造出來的，則衆生輪迴於生死，自然也就等於是「自性入生死」了。這一所謂的真假動静偈，文不典雅，含義模糊（因而也就没有必要再對它們作什麽解釋或説明），讀者意會可矣。

（四九）衆僧既聞，識大師意，更不敢諍，依法修行。一時禮拜，即知大師不永住世。原本知作之。上座法海向前言：「大師！大師去後，衣法當付何人？」大師言：「法即付了，汝不須問。吾滅後二十餘年，邪法撩亂，原本撩作遼。惑我宗旨。有人出來，不惜身命，定佛教是非，原本定作弟。竪立宗旨，即是吾正法〔一〕。衣不合傳。原本傳作轉。汝不信，吾與誦先代五祖傳衣付法頌。原本頌作誦。若據弟一祖達摩頌意，即不合傳衣。聽吾與汝頌，原本吾作五。頌曰：

弟一祖達摩和尚頌曰：

吾本來唐國〔二〕，原本本作大。傳教救迷情，原本教作敎，迷情作名清。一花開五葉〔三〕，結果自然成〔四〕。

弟二祖惠可和尚頌曰：

本來緣有地，從地種花生，當本元無地，原本元作願。花從何處生？

弟三祖僧璨和尚頌曰：

花種雖因地，地上種花生，原本花作化。花種無生性，於地亦無生。

弟四祖道信和尚頌曰：

花種有生性，因地種花生，先緣不和合，一切盡無生。

弟五祖弘忍和尚頌曰：

有情來下種，無情花即生，無情又無種，心地亦無生〔五〕。

弟六祖惠能和尚頌曰〔六〕：

心地含情種，法雨即花生，自悟花情種，原本悟作吾。菩提果自成〔七〕。」

【校釋】

〔一〕吾滅後二十餘年……即是吾正法　宇井伯壽認爲，這一段也是神會系統的人在以後附加進壇經的。按：這一段惠昕本作：「吾滅後二十年間，邪法撩亂，惑我正宗。有一人出來，不惜身命，定於佛法，豎立宗旨，即是吾法弘於河洛，此教大行。」僞蹟更爲明顯。中國禪宗史一書裏，一則說：「這明顯是暗示神會於開元二十年（七三二）頃，在滑臺大雲寺召開定南宗宗旨大會的事。神會語録作『我滅度後四十年外』。壇經大乘寺本作『有南陽人出來……即是吾法弘於河洛，此教大行』，更明顯地暗示神會在洛陽提倡南宗，這分明是荷澤門下所附益的。」（頁二二三）再則說：「這一問答，與十弟子說相矛盾。這是影射慧能滅後二十年（七三二），神會於滑臺大雲寺開無遮大會，定佛教是非，豎立南宗頓教的事實。這顯然是神會的『習徒迷真，橘枳變體，竟成壇經傳宗』所增入。」（頁二九〇）契嵩、宗寶兩本均無這段文字。表明契嵩、宗寶兩人的作僞手法，更爲「高明」一些。

〔二〕吾本來唐國　北魏之世，何來「唐國」！惠昕本作「吾本來東土」，契嵩本、宗寶本作「吾本來茲土」，稍掩僞蹟。

〔三〕一花開五葉　「一花開五葉」，表明這一頌文，乃是禪宗五家出現以後的產物（一說「五葉」指自達磨以至弘忍的五代，有些牽强），而且，「花」又怎能「開」出「葉」來？也實在不通！

〔四〕結果自然成　原本「果」作「菓」，今據惠昕等三本改。

〔五〕……心地亦無生　惠昕等三本，均無慧可至弘忍的四偈。這種法海本有、其餘本無的情況，衹是表明在法海本裏，也有假的東西；却並不表明在其餘本裏，內容都是真實的——它不過表明：其餘三本的改編者，在作僞方面，手法比較「高明」一些而已！

〔六〕弟六祖惠能和尚頌曰　這種脫口而出的稱呼，恰恰暴露出：連慧能的這一頌文，也是後人假託的。

〔七〕菩提果自成　原本「果」作「菓」，今據惠昕等三本改。

（五〇）能大師言：「汝等聽吾作二頌，取達摩和尚頌意。汝迷人依此頌修行，必當見性。第一頌曰：

心地邪花放，五葉逐根隨，共造無明業，原本業作葉。見被業風吹。原本業作葉。

第二頌曰：

心地正花放，五葉逐根隨，原本根作根。共修般若惠，當來佛菩提〔一〕。」

六祖說偈已了，放衆人散〔二〕。門人出外思惟，即知大師不久住世。

【校釋】

〔一〕……當來佛菩提　上述兩頌，惠昕等三本都没有，表明也是後加的。

〔二〕放衆人散　「人」原本作「生」，今改。此句惠昕本作「令門人且散」。

（五一）六祖後至八月三日食後，大師言：「汝等著位坐，原本著作善，坐作座。吾今共汝等別。」原本吾作五，汝作與。法海問言：原本問作聞。「此頓教法傳授，原本授作受。從上已來，至今幾代？」六祖言：「初傳授七佛，原本授作受。釋迦牟尼佛弟七，大迦葉弟八，阿難弟九，末田地弟十，商那和修弟十一，優婆掬多弟十二，提多迦弟十三，佛陁難提弟十四，佛陁蜜多弟十五，脇比丘弟十六，富那奢弟十七，馬鳴弟十八，毗羅尊者弟十九，原本尊作長。龍樹弟二十，迦那提婆弟廿一，羅睺羅弟廿二，僧迦那提弟廿三，僧迦耶舍弟廿四，原本耶作那。鳩摩羅馱弟廿五，闍耶多弟廿六，婆修盤多弟廿七，摩拏羅弟廿八，鶴勒那弟廿九，師子比丘弟卅，舍那婆斯弟卅一，優婆崛弟卅二，僧迦羅弟三十三，須婆蜜多弟三十四，南天竺國王子弟三子菩提達摩弟三十五〔一〕，原本竺作竹。唐國僧惠可〔二〕弟三十六，僧璨弟三十七，道信弟三十八，弘忍弟三十九，惠能自身當今受法弟四十。」原本四十作十四。

大師言：「今日已後，遞相傳授，原本授作受。須有依約，莫失宗旨。〔三〕」

【校釋】

〔一〕南天竺國王子　「子」字，疑衍。

〔二〕唐國僧惠可　慧可乃南北朝時人，稱爲「唐國僧」，誤。

〔三〕系統的傳法之説，在中國始見於僞書付法藏因緣傳，止「二十四代」（在此之前，嘗有阿育王傳卷四中的「五師相承」之説等等），最早爲天台宗人所接受（天台宗人並據此而否認禪宗的所謂「二十八代」説）。禪宗創立後，爲了表示它的源遠流長，便也編排了遞代相承的「法統」。這一編排，經中唐、五代到宋初，最後確定禪宗法統的，則是北宋契嵩的傳法正宗記和傳法正宗定祖圖，立定「二十八代」說（單就印度從迦葉開始的傳承而言）。但惠昕本、契嵩本、宗寶本壇經及景德傳燈録、傳法正宗記等各書所列人名，均稍有出入。談到禪宗傳法世系的更早的還有寶林傳（唐慧炬撰，成書於公元八〇一年）、祖堂集及宗鏡録。可見，禪宗西天的「二十八代」說，也可說是其來有自了。不過，儘管上述名單中的這些人物，大體上都可說是歷史人物，但是，把他們編排爲禪宗的傳法世系，却完全是杜撰的，而且是晚出的。慧能當時尚不會有一個完整的、定型的禪宗世系，更不可能由慧能本人一口氣講出這麼一個自迦葉以至達磨的傳法世系。所以，宇井伯壽說法海本壇經的第五十一節是「後世附加」的話，當非無據之談。

（五二）法海又白：「大師今去，留付何法〔一〕？令後代人如何見佛〔二〕？」原本令作今。六祖言：「汝聽！後代迷人，但識衆生，即能見佛；若不識衆生，覓佛萬劫不得見也。吾今教汝識衆生見佛，原本吾作五。更留見真佛解脱頌，迷即不見佛，悟者即見。」法海願聞，代代流傳，世世不絶。六祖言：「汝聽！吾與汝說。原本與汝作汝與。後代世人，若欲覓佛，但識佛心衆生，即能識佛。即緣有衆生，原本無生字。離衆生無佛心。

迷即佛衆生，悟即衆生佛。愚癡佛衆生，智惠衆生佛。

心險佛衆生，原本險作劍。平等衆生佛。一生心若險，原本險作劍。佛在衆生中。

一念吾若平，即衆生自佛。我心自有佛，自佛是真佛。自若無佛心，向何處求佛〔三〕。」

【校釋】

〔一〕留付何法　法海身爲慧能上首弟子，慧能臨終，他竟不知將留「何法」，這一問，很不近情理。

〔二〕令後代人如何見佛　將要分化一方的法海，竟還不知道應該如何令後代人見佛，則法海跟慧能學法一生，簡直是白學了！

〔三〕……向何處求佛　惠昕等三本變頌文爲長行，意思基本相同。這第五二節前面的長行，一開頭就很不合乎情理；後面的偈頌詞俚、意俗，殊無深義。很顯然，它也是後來加進壇經的。

（五三）大師言：「汝等門人好住，吾留一頌，名自性真佛解脱頌。後代迷人識此頌意〔一〕，原本人作門，無識字，重意字。即見自心自性真佛〔二〕。與汝此頌，吾共汝別。頌曰：

真如净性是真佛，邪見三毒是真魔，原本魔作摩。邪見之人魔在舍，原本魔作摩。正見之人佛則過〔三〕。

性中邪見三毒生，原本中作衆。即是魔王來住舍，原本魔作摩。正見忽除三毒心〔四〕，原本除作則，心作生。魔變成佛真無假。原本魔作摩。

化身、報身及法身，原本法作浄。三身元本是一身，若向身中覓自見〔五〕，即是成佛菩提因。原本無成字。

本從化身生浄性〔六〕，原本化作花。浄性常在化身中，原本化作花。性使化身行正道〔七〕，原本化作花。當來圓滿真無窮〔八〕。

婬性本是清浄因〔九〕，原本是作身。除婬即無浄性身〔一〇〕，性中但自離五欲，原本五作吾。見性刹那即是真。

今生若悟頓教門，原本悟作吾。悟即眼前見世尊，原本世作性。若欲修行云覓佛，不知何處欲求真。

若能身中自有真〔一一〕，有真即是成佛因，自不求真外覓佛，去覓總是大癡人。

頓教法者是西流，求度世人須自修，今報世間學道者，原本報作保。不依此是大悠悠〔一二〕。」原本依作於。

大師說偈已了，遂告門人曰：「汝等好住，今共汝別。吾去已後，莫作世情悲泣，而受人吊問錢帛，原本問作門。著孝衣，即非正法，原本正作聖。非我弟子。如吾在日一種，一時端坐，但無動無静，原本静作浄。無生無滅，無去無來，無是無非，無住無往，原本無無往二字。

但然寂静〔一三〕，原本静作净。即是大道。吾去已後，但依法修行，原本依作衣。共吾在日一種；吾若在世，汝違教法，吾住無益〔一四〕。」大師云此語已〔一五〕，夜至三更，奄然遷化。原本化作花。大師春秋七十有六。

【校釋】

〔一〕識此頌意　惠昕等三本均作「識此偈意」。

〔二〕即見自心自性真佛　惠昕本、宗寶本作：「自見本心，自成佛道。」契嵩本作：「自見本心，自成佛性。」「自成佛性」，欠通。

〔三〕正見之人佛則過　「之」原本作「知」，惠昕等三本均作「正見之時佛在堂」，較通。「佛則過」，很不通。

〔四〕正見忽除三毒心　惠昕等三本均作「正見自除三毒心」，較通。

〔五〕若向身中覓自見　惠昕等三本均作「若向性中能自見」，意思比較清楚。

〔六〕本從化身生浄性　從化身生浄性，不通。「浄性」（法性、真如）是本具的，並非後生的。似應作「化身本從浄性生」。

〔七〕性使化身行正道　「性使」，不通。「性」是無爲法，怎麽能「使……」。似應作「化身因性行正道」。

〔八〕當來圓滿真無窮　「真無窮」，語意不明。

〔九〕婬性本是清浄因　惠昕等三本均作「淫性本是浄性因」。

〔一〇〕除婬即無浄性身　惠昕本同。契嵩本、宗寶本作「除淫即是浄法身」。「浄性身」與「浄法身」，含義相同，祇是「浄法身」比較常見一些。

〔一一〕若能身中自有真　「有」，鈴木校本據惠昕等本改作「見」。但從下句「有真即是成佛因」（惠昕等三本同）看來，「有」字不錯。人人心中本皆具有真如、佛性，「若能」二字，殊爲不妥。

〔一二〕不依此是大悠悠　惠昕本作「不作此是大悠悠」。契嵩本、宗寶本作「不作此見大悠悠」。以上頌文，鄙俚不堪，名曰自性真佛解脱頌，實在低下。

〔一三〕但然寂静　鈴木校本改「但」爲「坦」。中國禪宗史則「然」字作「能」——「但能（原作然）寂静，即是大道。」（頁二二五）與「即是大道」聯繫起來看，則「但能」似較「坦然」更貼切些。

〔一四〕吾住無益　契嵩本、宗寶本此下增加「復説偈曰：『兀兀不修善，騰騰不造惡，寂寂斷見聞，蕩蕩心無著。』師説偈已」一段。

〔一五〕大師云此語已　惠昕本作「大師言訖」。契嵩本、宗寶本作「師説偈已」。鈴木校本改「云」爲「言」，實則不如改「云」爲「説」。

（五四）大師滅度，諸日寺内異香氳氳，經數日不散。山崩地動，原本崩作朋。林木變白，日月無光，風雲失色。八月三日滅度，至十一月，迎和尚神座於漕溪山，葬在龍龕之内。白光出現，直上衝天，二日始散。韶州刺史韋璩立碑，原本璩作處。至今供養〔一〕。

【校釋】

〔一〕……至今供養　這第五四節分明是後來加進壇經的。

（五五）此壇經，法海上座集。上座無常，付同學道漈；道漈無常，付門人悟真〔一〕。悟真在嶺南漕溪山法興寺，見今傳授此法。原本授作受。

【校釋】

〔一〕此壇經……付門人悟真　惠昕本作：「洎乎法海上座無常，以此壇經付囑志道，志道付彼岸，彼岸付悟真，悟真付圓會。」契嵩本、宗寶本均未及此。胡適在其壇經考之二裏，將上述關於壇經早期傳承的兩種記載，列表如下：

（敦煌本）法海
　　　　　↓
　　　　道際→悟真

（惠昕本）法海→志道→彼岸→悟真→圓會（見胡適論學近著第一集上冊，頁三一七）

字井伯壽對此也曾有所考證和說明（詳見禪宗史研究壇經考）。他的結論是：「關於壇經付囑的兩個系統，即法海後的道漈——悟真相承和志道——彼岸——悟真——圓會相承，前者是敦煌本系統，後者是惠昕本系統。」

（五六）如付此法，原本此作山。須得上根知〔一〕。原本得作德，根作恨。心信佛法，立大悲，持此經，以爲依承，原本依作衣。於今不絶。

【校釋】

〔一〕須得上根知　「知」，當作「智」。

（五七）和尚本是韶州曲江縣人也〔一〕。原本縣作懸。如來入涅盤，法教流東土，共傳無住，即我心無住。此真菩薩説，直示〔二〕原本直作真。行實喻〔三〕，喻字可疑。唯教大智人，是旨依〔四〕。原本依作衣。凡誓度修行，原本誓度作度誓，重修行二字。遭難不退，遇苦能忍，福德深厚，方授此法。如根性不堪，材量不得，原本材作林。雖求此法，原本雖作須。違立不得者〔五〕，原本得作德。不得妄付壇經。告諸同道者，令知蜜意〔六〕。原本令知作今諸。

南宗頓教最上大乘壇經法一卷

【校釋】

〔一〕和尚本是韶州曲江縣人也　按：這是錯把法海的籍貫，當成了慧能的籍貫。因爲，本書第二節慧能自述：「惠能慈父，本官范陽，左降遷流嶺南，作新州百姓。」則慧能應是廣東新州人，而不是韶州曲江縣人。如前所述，法海才是韶州曲江縣人（如果説這裏的和尚，就是指的法海，那是根本不合體例的）。宇井伯壽在其禪宗史研究壇經考裏，也曾從地理位置上指出了這一錯誤。

〔二〕直示　「直示」，頗費解。

〔三〕行實喻　鈴木覺得「喻字可疑」。其實，「行實喻」，亦頗費解。

〔四〕是旨依　「是旨依」，意亦含糊。

〔五〕違立不得者　「違立不得」，意思不明。

〔六〕……令知蜜意　「蜜」，應作「密」。這壇經的最後一節，竟是如此的文理不通，反映出附加者的水平實在低下！

附録

六祖大師法寶壇經略序〔一〕

唐釋法海撰

大師名惠能。父盧氏，諱行瑫。母李氏，誕師於唐貞觀十二年戊戌二月八日子時。時毫光騰空，異香滿室。黎明，有二異僧造謁，謂師之父曰：「夜來生兒，專爲安名，可上『惠』下『能』也。」父曰：「何名『惠能』？」僧曰：「『惠』者，以法惠施衆生；『能』者，能作佛事。」言畢而出，不知所之。師不飲乳，夜遇神人，灌以甘露。

既長，年二十有四，聞經悟道，往黄梅求印可。五祖器之，付衣法，令嗣祖位。時龍翔（朔）元年辛酉歲也。南歸隱遯一十六年，至儀鳳元年丙子正月八日，會印宗法師，宗悟契師旨。是月十五日，普會四衆，爲師薙髮。二月八日，集諸名德，授具足戒。西京智光律師爲授戒師，蘇州慧静律師爲羯磨，荆州通應律師爲教授，中天耆多羅律師爲説戒，西國

〔一〕據印順考證，這篇略序與下篇外紀，「所説與壇經每每不合，絶非壇經記録者法海所作」（中國禪宗史頁二六七）。這一論斷，可作參考。

蜜多三藏爲證戒。其戒壇乃宋朝求那跋陀羅三藏剏建。立碑曰：「後當有肉身菩薩於此收（受）戒。」又，梁天監元年，智藥三藏自西竺國航海而來，將彼土菩提樹一株，植此壇畔。亦預誌曰：「後一百七十年，有肉身菩薩於此樹下開濱（演）上乘，度無量衆，真傳佛心印之法主也。」師至是祝髮受戒，及與四衆開示單傳之法旨，一如昔讖。以天監元年壬午歲，考至唐儀鳳元年丙子，是得一百七十有五年。

次年春，師辭衆歸寶林，印宗與緇白送者千餘人，直至曹溪。時荆州通應律師，與學者數百人，依師而往。至曹溪寶林，覩堂宇湫隘，不足容衆，欲廣之。遂謁里人陳亞仙曰：「老僧欲就檀越求坐具地，得不？」仙曰：「和尚坐具幾許闊？」祖出坐具示之，亞仙唯然。祖以坐具一展，盡罩曹溪四境，四天王現身，坐鎮四方。今寺境有天王嶺，因茲而名。仙曰：「知和尚法力廣大，但吾高祖墳墓並在此地，他日造墓（塔），幸望存留，餘願盡捨，永爲寶坊。然此地乃生龍白象來脈，祇可平天，不可平地。」寺後營建，一依其言。

師游墳（境）內山水勝處輒憩，近遂成蘭若一十三所。今曰花果院，隸藉寺門。茲寶林道場，亦先是西國智藥三藏自南海經曹溪口，掬水而飲，香美，異之。謂其徒曰：「此水與西天之水無別，溪源上必有勝地，堪爲蘭若。」隨流至源上，四顧山水回環，峯巒奇秀，歎曰：「宛如西天寶林山也。」乃謂曹溪村居民曰：「可於此山建一梵刹，一百七十年後，當有無上法寶於此濱(演)化，得道者如林，宜號寶林。」時韶州牧侯敬中以其言具表聞奏。上可其請，賜寶林爲額，遂成梵宫，落成於梁天監三年。

寺殿前有潭一所，龍常出没其間，觸撓林木。一日，現形甚巨，波浪洶湧，雲霧陰翳，徒衆皆懼。師叱之曰：「爾只能現大身，不能現小身。若爲神龍，當能變化，以小現大，以大現小也。」其龍忽没，俄頃復現小身，躍出潭面。師展鉢試之曰：「爾且不敢入老僧鉢盂裏。」龍乃游揚至前，師以鉢舀之，龍不能動。師持鉢堂上，與龍説法。龍遂蜕骨而去。其骨長可七寸，首尾角足皆具，留傳寺門。師後以土石堙其潭，今殿前左側有鐵塔處是也。龍骨至己卯，寺罹兵火，因失，未知所之。

（録自全唐文卷九一五）

六祖大師緣起外紀〔一〕

門人法海等集

大師名惠能。父盧氏，諱行瑫，唐武德三年九月，左官新州。母李氏，先夢庭前白華

〔一〕丁福保認爲，此文係後人增删六祖大師法寶壇經略序而成者，並謂：「其所增之事實，間有穿鑿附會之處，且文筆亦陋。」(見丁著六祖大師法寶壇經箋注卷首六祖大師法寶壇經略序題注)按：此文與略序，雖然「大同」，也有「小異」，姑並録之，以備參照。

競發，白鶴雙飛，異香滿室，覺而有娠。遂潔誠齋戒，懷妊六年，師乃生焉。唐貞觀十二年戊戌歲二月八日子時也。時毫光騰空，香氣芳馥。黎明，有二僧造謁，謂師之父曰：「夜來生兒，專爲安名，可上『惠』下『能』也。」父曰：「何名『惠能』？」僧曰：「『惠』者，以法惠濟衆生；『能』者，能作佛事。」言畢而出，不知所之。師不飲母乳，遇夜，神人灌以甘露。三歲父喪，葬於宅畔。母守志鞠養。

既長，鬻薪供母。年二十有四，聞經有省，往黄梅參禮。五祖器之，付衣法，令嗣祖位。時龍朔元年辛酉歲也。南歸隱遯，至儀鳳元年丙子正月八日，會印宗法師，詰論玄奥，印宗悟契師旨。是月十五日，普會四衆，爲師薙髮。二月八日，集諸名德，授具足戒。西京智光律師爲授戒師，蘇州慧静律師爲羯磨，荆州通應律師爲教授，中天耆多羅律師爲説戒，西國蜜多三藏爲證戒。其戒壇乃宋朝求那跋陁羅三藏創建。立碑曰：「後當有肉身菩薩於此受戒。」又梁天監元年，智藥三藏自西竺國航海而來，將彼土菩提樹一株，植此壇畔。亦預志曰：「後一百七十年，有肉身菩薩於此樹下開演上乘，度無量衆，真傳佛心印之法主也。」師至是祝髮受戒，及與四衆開示單傳之旨，一如昔讖。梁天監元年壬午歲，至唐儀鳳元年丙子，得一百七十五年。

次年春，師辭衆歸寶林，印宗與緇白送者千餘人，直至曹溪。時荆州通應律師，與學者數百人，依師而住。師至曹溪寶林，覩堂宇湫隘，不足容衆，欲廣之。遂謁里人陳亞僊曰：「老僧欲就檀越求坐具地，得不？」僊曰：「和尚坐具幾許闊？」祖出坐具示之。亞僊唯然。祖以坐具一展，盡罩曹溪四境，四天王現身，坐鎮四方。今寺境有天王嶺，因茲而名。僊曰：「知和尚法力廣大，但吾高祖墳墓並在此地，他日造塔，幸望存留，余願盡捨，永爲寶坊。然此地乃生龍白象來脈，祇可平天，不可平地。」寺後營建，一依其言。

師游境内，山水勝處輒憩止，遂成蘭若一十三所。今曰華菓院，隸籍寺門。其寶林道場，亦先是西國智藥三藏自南海經曹溪口，掬水而飲，香美，異之。謂其徒曰：「此水與西天之水無別，溪源上必有勝地，堪爲蘭若。」隨流至源上，四顧山水回環，峰巒奇秀，嘆曰：「宛如西天寶林山也。」乃謂曹侯村居民曰：「可於此上建一梵刹，一百七十年後，當有無上法寶於此演化，得道者如林，宜號寶林。」時韶州牧侯敬中以其言具表聞奏，上可其請，賜寶林爲額，遂成梵宮，落成於梁天監三年。

寺殿前有潭一所，龍常出没其間，觸撓林木。一日現形甚巨，波浪汹湧，雲霧陰翳，徒衆皆懼。師叱之曰：「你祇能現大身，不能現小身。若爲神龍，當能變化，以小現大，以大現小也。」其龍忽没，俄頃復現小身，躍出潭面。師展鉢試之曰：「你且不敢入老僧鉢盂裏。」龍乃游揚至前，師以鉢舀之，龍不能動。師持鉢堂上，與龍説法。龍遂蜕骨而去。其骨長可七寸，首尾角足皆具，留傳寺門。師後以土石堙其潭，今殿前左側有鐵塔鎮處是也。

（録自普慧大藏經四本壇經合刊本）

曹溪大師别傳（節録）〔一〕

……

惠能大師，俗姓盧氏，新州人也。少失父母，三歲而孤。雖處羣輩之中，介然有方外之志。

其年，大師遊行至曹溪，與村人劉志略結義爲兄弟，時春秋三十。略有姑出家，配山澗寺，名無盡藏，常誦涅槃經。大師晝與略役力，夜即聽經，至明，爲無盡藏尼解釋經義，尼將經與讀，大師曰：「不識文字。」尼曰：「既不識字，如何解釋其義？」大師曰：「佛性之理，非關文字能解，今不識文字何怪？」衆人聞之，皆嗟嘆曰：「見解如此，天機自悟，非

〔一〕本文開頭一段，没有什麽歷史意義；末後的一些文字，與惠能無關，故並節略。

人所及，堪可出家，住此寶林寺。」大師即住此寺修道，經三年，正當智藥三藏一百七十年懸記之時也。時大師春秋卅有三。後聞樂昌縣西石窟有遠禪師，遂投彼學坐禪。大師素不曾學書，竟未披尋經論。時有惠紀禪師，誦投陁經，大師聞經嘆曰：「經意如此，今我空坐何爲？」

至咸亨五年，大師春秋卅有四，惠紀禪師謂大師曰：「久承蘄州黄梅山忍禪師開禪門，可往彼修學。」大師其年正月三日，發韶州，往東山，尋忍大師。策杖塗跣，孤然自行。至洪州東路，時多暴虎，大師獨行山林無懼，遂至東山。見忍大師，忍大師問曰：「汝化物來？」能答曰：「唯求作佛來。」忍問曰：「汝是何處人？」能答曰：「嶺南新州人。」忍曰：「汝是嶺南新州人，寧堪作佛？」能答曰：「嶺南新州人佛性，與和上佛性有何差別？」忍大師更不復問，可謂自識佛性，頓悟真如，深奇之，奇之。忍大師山中門徒至多，顧眄左右，悉皆龍象，遂令能入厨中供養，經八箇月。能不避艱苦，忽同時（伴）戲調，嶷然不以爲意。忘身爲道，仍踏碓。自嫌身輕，乃繫大石著腰，墜碓令重，遂損腰脚。忍大師因行至碓米所，問曰：「汝爲供養損腰脚，所痛如何？」能答曰：「不見有身，誰言之痛？」忍大師至夜，命能入房，大師問：「汝初來時，答吾嶺南人佛性與和上佛性有何差别。誰教汝耶？」答曰：「佛性非偏，和上與能無别，乃至一切衆生皆同，更無差别，但隨根隱顯耳。」忍大師徵曰：「佛性無形，如何隱顯？」能答曰：「佛性無形，悟即顯，迷即隱。」於時忍大師門徒見能與和上論佛性義，大師知諸徒不會，遂遣衆人且散。忍大師告能曰：「如來臨般涅槃，以甚深般若波羅蜜法付囑摩訶迦葉，迦葉付阿難，阿難付商那和修，和修付憂波掬多，在後展轉相傳，西國經二十八祖，至於達磨多羅大師，漢地爲初祖，付囑惠可，可付璨，璨付雙峰信，信付於吾矣。吾今欲逝，法囑於汝，汝可守護，無令斷絶。」能曰：「能是南人，不堪傳授佛性，此間大有龍象。」忍大師曰：「此雖多龍象，吾深淺皆知，猶兔與馬，唯付囑象王耳。」忍大師即將所傳袈裟付能，大師遂頂戴受之。大師問和上曰：「法無文字，以心傳心，以法傳法，用此袈裟何爲？」忍大師曰：「衣爲法信，法是衣宗，從上相傳，更無別付；非衣不傳於法，非法不傳於衣。衣是西國師子尊者相傳，令佛法不斷。法是如來甚深般若，知般若空寂無住，即而了法身，見佛性空寂無住，是真解脱。汝可持衣去。」遂則受持，不敢違命。然此傳法袈裟，是中天布，梵云婆羅那，唐言第一好。布是木綿花作，時人不識，謬云絲布。忍大師告能曰：「汝速去，吾當相送。」隨至蘄州九江驛。忍大師告能曰：「汝傳法之人，後多留難。」能問大師曰：「何以多難？」忍曰：「後有邪法競興，親附國王、大臣，蔽我正法，汝可好去。」能遂禮辭南行。忍大師相送已，却還東山，更無言説。諸門人驚怪，問：「和上何故不言？」大師告衆曰：「衆人散去，此間無佛法，佛法已向南去也。我今不説，於後自知。」忍大師別能大師，經停三日，重告門人曰：「大法已行，吾當逝矣。」忍大師遷化，百鳥悲鳴，異香芳馥，日無精光，風雨折樹。

時有四品官，俗姓陳氏，捨俗出家事和上，號惠明禪師。聞能大師將衣鉢去，遂奔趂南方，尋至大庾嶺，見能大師，大師即將衣鉢遂還明，明曰：「來不爲衣鉢，不審和尚初付囑時，更有何言教，願垂指示。」能大師即爲明禪師傳囑授密言，惠明唯然受教，遂即禮辭。明語能曰：「急去，急去！在後大有人來相趂逐。」能大師即南行。至來朝，果有數百人來，至嶺，見明禪師，師曰：「吾先至此，不見此人，問南來者亦不見，此人患脚，計未過此，諸人却向北尋。」明禪師得言教，猶未曉悟，却居廬山峯頂寺，三年方悟密語。明後居濛山，廣化羣品。

能大師歸南，略至曹溪，猶被人尋逐，便於廣州四會懷集兩縣界避難，經於五年，在獵師中。大師春秋三十九。至儀鳳元年初，於廣州制旨寺聽印宗法師講涅槃經，法師是江東人也。其制旨寺是宋朝求那跋摩三藏置，今廣州龍興寺是也。法師每勸門人商量論義，時囑正月十三日懸幡，諸人夜論幡義，法師廊下隔壁而聽。初論幡者：「幡是無情，因風而動。」第二人難言：「風幡俱是無情，如何得動？」第三人：「因緣和合故合動。」第四人言：「幡不動，風自動耳。」衆人諍論，喧喧不止。能大師高聲止諸人曰：「幡無如餘種動。所言動者，人者心自動耳。」印宗法師聞已，至明日講次欲畢，問大衆曰：「昨夜某房論義，在後者是誰？此人必禀承好師匠。」中有同房人云：「是新州盧行者。」法師云：「請行者過房。」能遂過房。法師問曰：「曾事何人？」能答曰：「事嶺北蘄州東山忍大師。」法師又問：「忍大師臨終之時，云佛法向南，莫不是賢者否？」能答：「是。」「既云是，應有傳法袈裟，請一暫看。」印宗見袈裟已，珍重禮敬，心大歡喜，嘆曰：「何期南方有如是無上之法寶！」法師曰：「忍大師付囑，如何指授言教？」能大師答曰：「唯論見性，不論禪定解脱、無爲無漏。」法師曰：「如何不論禪定解脱、無漏無爲？」能答曰：「爲此多法不是佛性，佛性是不二之法。涅槃經明其佛性不二之法，即此禪也。」法師又問：「如何佛性是不二之法？」能曰：「涅槃經高貴德王菩薩白佛言：『世尊，犯四重禁，作五逆罪，及一闡提等，爲當斷善根，佛性改否？』佛告高貴德王菩薩：『善根有二：一者常，二者無常。佛性非常非無常，是故不斷，名之不二。一者善，二者不善。佛性非善非不善，是故不斷，名爲不二。』又云：『蘊之與界，凡夫見二，智者了達，其性無二，無二之性，即是實性。明與無明，凡夫見二，智者了達，其性無二，無二之性，即是實性。實性無二。』」能大師謂法師曰：「故知佛性是不二之法。」印宗聞斯解説，即起合掌虔誠，願事爲師。明日講次，告衆人曰：「印宗何幸，身是凡夫，不期座下法身菩薩。」印宗所爲衆人説涅槃經，猶如瓦礫，昨夜請盧行者過房論義，猶如金玉，諸人信否？然此賢者是東山忍大師傳法之人，諸人永不信，請行者將傳法袈裟呈示諸人。」諸人見已頂禮，咸生信重。儀鳳元年正月十七日，印宗與能大師剃髮落；二月八日，於法性寺受戒，戒壇是宋朝求那跋摩三藏所置。當時遥記云：「於後當有羅漢登此壇，有菩薩於此受戒。」今能大師受戒，應其記也。出高僧録。能大師受戒和尚，西京總持寺智光律師；羯磨闍梨，蘇州靈光寺惠静律師；教授闍梨，荆州天皇寺道應律師。後時，三師皆於能大師所學道，終於曹溪。其證戒大德：一是中天耆多羅律師，二是密多三藏。此二大德皆是羅漢，博達三藏，善中、邊言，印宗法師請爲尊證也。又蕭梁末有真諦三藏，於壇邊種菩提樹兩株，告衆僧曰：「好看此樹，於後有菩薩僧於此樹下演無上乘。」於後能大師於此樹下坐，爲衆人開東山法門，應真諦三藏記也。出真諦三藏傳。

其年四月八日，大師爲大衆初開法門曰：「我有法，無名無字，無眼無耳，無身無意，無言無示，無頭無尾，無内無外，亦無中間，不去不來，非青黄赤白黑，非有非無，非因非果。」大師問衆人：「此是何物？」大衆兩兩相看，不敢答。時有荷澤寺小沙彌神會，年始十三，答：「此之（按：「之」當作「是」）佛之本源。」大師問：「云何是本源？」沙彌答曰：「本源者，諸佛本性。」大師云：「我説無名無字，汝云何言佛性有名字？」沙彌曰：「佛性無名字，因和尚問故立名字，正名字時，即無名字。」大師打沙彌數下。大衆禮謝曰：「沙彌小人，惱亂和上。」大師云：「大衆且散去，留此饒舌沙彌。」至夜間，大師問沙彌：「我打汝時，佛性受否？」答云：「佛性無受。」大師問：「汝知痛否？」沙彌答：「知痛。」大師問：「汝既知痛，云何道佛性無受？」沙彌答：「豈同木石？雖痛而心性不受。」大師語沙彌曰：「節節支解時，不生嗔恨，名之無受。我忘身爲道，踏碓直至跨脱，不以爲苦，名之無受。汝今被打，心性不受，汝受諸觸，如智證得真正受三昧。」沙彌密受付囑。大師出家、開法、受戒，年登四十。印宗法師請大師歸制旨寺，今廣州龍興寺經藏院，是大師開法堂。法師問能大師曰：「久在何處住？」大師云：「韶州曲縣南五十里曹溪村故寶林寺。」法師講經了，將僧俗三千餘人，送大師歸曹溪。因兹廣闡禪門，學徒十萬。

至神龍元年正月十五日，敕迎大師入内，表辭不去。高宗大帝敕曰：「朕虔誠慕道，渴仰禪門，召諸州名山禪師，集内道場供養，安秀二德，最爲僧首。朕每諮求，再推南方有能禪師，密受忍大師記傳，傳達磨衣鉢，以爲法信，頓悟上乘，明見佛性，今居韶州曹溪山，示悟衆生即心是佛。朕聞如來以心傳心，囑付迦葉，迦葉展轉相傳，至於達磨，教被東土，代代相傳，至今不絶。師既禀承有依，可往京城施化，緇俗歸依，天人瞻仰。故遣中使薛簡迎師，願早降至。神龍元年正月十五日下。」

韶州曹溪山釋迦惠能辭疾表：「惠能生自偏方，幼而慕道，叨爲忍大師囑付如來心印，傳西國衣鉢，授東土佛心。奉天恩遣中使薛簡召能入内，惠能久處山林，年邁風疾，陛下德包物外，道貫萬民，育養蒼生，仁慈黎庶，旨弘大教，欽崇釋門，恕惠能居山養疾，修持道業，上答皇恩，下及諸王、太子。謹奉表。釋迦惠能頓首，頓首！」

中使薛簡問大師：「京城大德禪師教人要假坐禪，若不因禪定解脱得道，無有是處。」大師云：「道由心悟，豈在坐耶？金剛經：『若人言如來，若坐若卧，是人不解我所説義。如來者，無所從來，亦無所去，故名如來。』無所從來，曰生；亦無所去，曰滅。若無生滅，而是如來清静禪；諸法空，即是坐。」大師告言：「中使！道畢竟無得無證，豈況坐禪？」薛簡云：「簡至天庭，聖人必問，伏願和上指授心要，將傳聖人及京城學道者，如燈轉照，冥者皆明，明明無盡。」大師云：「道無明暗，明暗是代謝之義。明明無盡，亦是有盡，相待立名。浄名經云：『法無有比，無相待故。』」薛簡云：「明譬智慧，暗喻煩惱，修道之人，若不用智慧照生死煩惱，何得出離？」大師云：「煩惱即菩提，無二無别。汝見有智慧爲能照，此是二乘見解，有智之人悉不如是。」薛簡云：「大師，何者是大乘見解？」大師云：「涅槃經云：『明與無明，凡夫見二，智者了達，其性無二，無二之性，即是實性。』實性者，即是佛性。佛性在凡夫不減，在賢聖不增，在煩惱而不垢，在禪定而不浄，不斷不常，不來不去，亦不中間及内外，不生不滅，性相常住，恒不變易。」薛簡問：「大師説不生不滅，何異外道？外道亦説不生不滅。」大師答曰：「外道説不生不滅，將生止滅，滅猶不滅。我説本自無生，今即無滅，不同外道。外道無有奇特，所以有異。」大師告薛簡曰：「若欲將心要者，一切善惡，都無思量，心體湛寂，應用自在。」薛簡於言下大悟，云：「大師，今日始知佛性本自有之，昔日將爲大遠，今日始知至道不遥，行之即是。今日始知涅槃不遠，觸目菩提。今日始知佛性不念善惡，無思、無念，無知、無作、不住。今日始知佛性常住不變，不爲諸惡所遷。」中使薛簡禮辭大師，將表赴京。

高宗大帝賜磨衲袈裟一領及絹五百疋，敕書曰：「敕師老疾，爲朕修道，國之福田。師若浄名，託疾金粟，闡弘大法，傳諸佛心，談不二之説；杜口毗耶，聲聞被呵，菩薩辭退。師若此也。薛簡傳師指授如來智見，善惡都莫思量，自然得入，心體湛然常寂，妙用恒沙。朕積善餘慶，宿種善因，得值師之出世，蒙師惠頓上乘佛心第一。朕感荷師恩，頂戴修行，永永不朽。奉磨衲袈裟一領，絹五百疋，供養大師。神龍三年四月二日下。」

又，神龍三年十一月十八日，敕下韶州百姓，可修大師中興寺佛殿，及大師經坊，賜額爲法泉寺。大師生緣新州故宅爲國恩寺。延和元年，大師歸新州修國恩寺。諸弟子問：「和上修寺去，卒應未歸此，更有誰堪諮問？」大師云：「翁山寺僧靈振，雖患脚跛，心裏不跛，門人諮請振説法。」又問：「大師何時得歸？」答曰：「我歸無日也。」

大師在日，景云二年先於曹溪造龕塔。後先天二年七月，廊宇猶未畢功，催令早了：「吾當行矣。」門人猶未悟意。某年八月，大師染疾，諸門人問：「大師，法當付囑阿誰？」答：「法不付囑，亦無人得。」神會問：「大師，傳法袈裟，云何不傳？」答云：「若傳此衣，傳法之人短命；不傳此衣，我法弘盛，留鎮曹溪。我滅度七十年後，有東來菩薩：一在家菩薩，修造寺舍；一出家菩薩，重建我教。」門徒問大師曰：「云何傳此衣短命？」答曰：「吾持此衣，三遍有刺客來取吾命，吾命如懸絲。恐後傳法之人被損，故不付也。」大師力疾，勸誘徒衆，令求道忘身，唯懃加行，直趣菩提。某月三日，奄然端坐遷化，春秋七十有六。滅度之日，烟雲暴起，泉池枯涸，溝澗絶流，白虹貫日。巖東忽有衆鳥數千，於樹悲鳴。又，寺西有白氣如練，長一里餘，天色清朗，孤然直上，經於五日乃散。復有五色雲，見於西南。是日，四方無雲，忽有數陣涼風，從西南飃入寺舍，俄而香氣氛氳，遍滿廊宇。地皆振動，山崖崩頽。大師新州亡廣果寺，寺西虹光三道，經於旬日。又，寺前城頭莊有虹光，經一百日。衆鳥悲鳴，泉水如稠泔汁，不流數日。又，翁山寺振禪師，於房前與衆人夜間説法，有一道虹光從南來入房，禪師告衆人曰：「和上多應新州亡也，此虹光是和上之靈瑞也。」新州尋有書報亡，曹溪門徒發哀，因虹光頓謝，泉水漸流。書至翁山，振禪師聞哀，設三七齋，於夜道俗畢集，忽有虹光從房而出，振禪師告衆人曰：「振不久住也。」經云：『大象既去，小象亦隨。』」其夕中夜，卧右脇而終也。

曹溪門人迎大師全身歸曹溪。其時，首領不肯放，欲留國恩寺起塔供養。時門人僧崇一等見刺史論理，方還曹溪。大師頭頸，先以鐵鍱封裹，全身膠漆。其年十一月十三日，遷神入龕。至開元二十七年，有刺客來取頭，移大師出庭中，刀斬數下，衆人唯聞鐵聲，驚覺，見一孝子奔走出寺，尋蹟不獲。

大師在日，受戒、開法、度人，三十六年，先天二年壬子歲滅度，至唐建中二年，計當七十一年。其年，衆請上足弟子行滔守所傳衣。經三十五年，有殿中侍御史韋據爲大師立碑。後北宗俗弟子武平一，開元七年磨却韋據碑文，自著武平一文。

開元十一年有潭州瑝禪師曾事忍大師，後時歸長沙禄山寺。常習坐禪，時時入定，遠近知聞。時有大榮禪師，住曹溪，事大師經三十年。大師常語榮曰：「汝化衆生得也。」榮即禮拜歸北，路過瑝禪師處，榮頂禮問瑝曰：「承和上每入定，當入定時，爲有心耶？爲無心耶？若有心，一切衆生有心，應得入定；若無心，草木瓦礫亦應入定。」瑝答曰：「我入定，無此有無之心。」榮答曰：「若無有無之心，即是常定，常定即無出入。」瑝即無對。瑝問：「汝從能大師處來，大師以何法教汝？」榮答曰：「大師教榮，不定不亂，不坐不禪，是如來禪。」瑝於言下便悟去：五蘊非有，六塵體空，非寂非照，離有離空，中間不住，無作無功，應用自在，佛性圓通。歎曰：「我三十年來，空坐而已。」往曹溪，歸依大師學道。世人傳瑝禪師三十年坐禪，近始發心修道。景云二年，却歸長沙舊居，二月八日夜悟道。其夜，空中有聲，告合郭百姓：「瑝禪師今夜得道。」皆是能大師門徒也。

……

（節録自續藏經第二編乙第十九套第五册）

附：壇經考之一（跋曹溪大師别傳）

胡適

曹溪大師别傳一卷，中國已無傳本。此本是日本所傳，收在續藏經二編乙十九套第五册，頁四八三—四八八。有日本僧祖芳的書後云：

昔於東武獲曹溪大師别傳，曩古傳教大師從李唐手寫齎歸，鎮藏叡嶽……

傳末有「貞元十九二月十九日畢，天台最澄封」之字，且搭朱印三箇，刻「比叡寺印」四字。貞元十九，當日本延曆二十年乙酉也。大師（惠能）遷寂乃唐先天二年，至於貞元十九年，得九十一年。謂壇經古本湮滅已久，世流布本宋後編修，諸傳亦非當時撰。唯此傳去大師謝世不遠，可謂實録也，而與諸傳及壇經異也……惜乎失編者之名。考請來進官録曰「曹溪大師傳一卷」是也。寶曆十二年壬午（乾隆二十七年，西曆一七六二年）。

祖芳此序頗有小錯誤。貞元十九（八〇三）當日本延曆二十二年癸未，乙酉乃延曆二十四年。先天二年（七一三）至貞元十九年，得九十年。此皆計算上的小誤。最可怪者，據傳教大師全集别卷所收的叡山大師傳，最澄入唐，在貞元二十年（八〇四），其年九月上旬始往天台。如何能有「貞元十九二月十九日畢，天台最澄封」的題記？

祖芳又引最澄「請來進官録」有曹溪大師傳一卷，今檢傳教大師將來目録（全集卷四）有兩録：一爲台州録，一爲越州録。曹溪大師傳一卷乃在越州録之中。越州録中經卷皆貞元二十一年在越州所抄寫，更不會有「天台最澄」的題記。

然祖芳之跋似非有心作僞。按台州録之末有題記，年月爲「大唐貞元貳拾壹年歲次乙酉貳月朔辛丑拾玖日乙未」。大概祖芳一時記憶有誤，因「二月十九日」而誤寫二十一年爲十九年，又誤記「天台」二字，遂使人生疑了。

我們可以相信此傳是最澄於貞元二十一年在越州抄寫帶回日本的本子。以下考證此傳的著作時代及其内容。

此傳作者不知是誰，然可以考定他是江東或浙中的一箇和尚，其著作年代爲唐建中二年（七八一），在慧能死後六十八年。傳中有云：

大師在日，受戒、開法、度人，三十六年，先天二年壬子歲滅度，至唐建中二年，計當七十一年。

先天二年至建中二年，祇有六十八年。但作者忽用建中二年爲計算年數的本位，却很可注意。日本忽滑谷快天先生（禪學思想史上，三八二）説此句可以暗示别傳脱稿在此年。忽滑谷先生的話甚可信，我可代他添一箇證據。此傳説慧能臨死時，對門人説一則「懸記」（預言）：

我滅度七十年後，有東來菩薩：一在家菩薩，修造寺舍；二出家菩薩，重建我教。

七十年後的預言，與後文所記「至建中二年，計當七十一年」正相照應。作傳的人要這預言驗在自己身上，却不料因此暗示成書的年代了。大概作者即是預言中的那位「出家菩薩」，可惜他的姓氏不可考了。

何以説作者是江東或浙中的和尚呢？因爲預言中説是「東來菩薩」，而此本作於建中二年，到貞元二十一年（永貞元年，八〇五）最澄在浙中抄得此傳時不過二十四年，當時寫本書流傳不易，抄書之地離作書之地未必甚遠；且越州台州也都在東方，正是東來菩薩的家鄉。

最可注意的是壇經明藏本（縮刷藏經騰四）也有東來菩薩的懸記，其文如下：

吾去七十年，有二菩薩從東方來，一出家，一在家，同時興化，建立吾宗，締緝伽藍，昌隆法嗣。

此條懸記，今本皆已删去，惟明藏本有此文。明藏本的祖本是北宋契嵩的改本。契嵩的鐔津文集中有郎侍郎的六祖法寳記叙，説契嵩得曹溪古本壇經校改俗本，勒成三卷。契嵩居杭州，也在浙中，他所得的「曹溪古本」大概即是這部曹溪大師别傳，故有七十年的懸記。

近年壇經的敦煌寫本出現於倫敦，於是我們始知道契嵩所見的「文字鄙俚繁雜，殆不可考」的俗本乃是真正古本，而契嵩所得古本決不是真古本。試即舉慧能臨終時的「七十年」懸記爲例，敦煌寫本即無此文，而另有一種懸記，其文如下：

上座法海向前言：「大師！大師去後，衣法當付何人？」大師言：「法即付了，汝不須問。吾滅後二十餘年，邪法遼亂，惑我宗旨。有人出來，不惜身命，第佛教是非，豎立宗旨，即是吾正法。衣不合傳。」

此懸記甚明白，所指即是神會在滑臺大雲寺及洛陽荷澤寺定南宗宗旨的事。神會滑臺之會在開元二十二年（七三四），正是慧能死後二十一年。此條懸記可證敦煌本壇經爲最古本，出於神會或神會一系之手，其著作年代在開元二十二年以後。神會建立南宗，其功績最偉大。但九世紀以下，禪宗大師多出於懷讓行思兩支，漸漸都把神會忘了。契嵩之時，神會之名已在若有若無之間，故二十年的懸記已不能懂了。所以契嵩採取曹溪大師傳中的七十年懸記來替代此說。但七十年之記更不好懂，後來遂有種種猜測，終無定論，故今世通行本又把這七十年懸記全删去了。

然而敦煌本的二十年後的懸記可以證壇經最古本的成書年代及其作者；曹溪大師別傳的七十年後的懸記和建中二年的年代可以證此傳的成書年代及其作者；而契嵩改本的收入七十年的懸記又可以證明他所依據的「曹溪古本」正是這部曹溪大師別傳。

我們試取敦煌本壇經和明藏本相比較，可以知道明藏本比敦煌本多出百分之四十（我另有壇經敦煌本考證）。這多出的百分之四十，內中有一部份是宋以後陸續加進去的。但其中有一部份是契嵩採自曹溪大師別傳的。今依明藏本的次第，列表如下：

（1）行由第一　自「惠能後至曹溪，又被惡人尋逐」以下至印宗法師講涅槃經，惠能説風幡不動是心動，以至印宗爲惠能剃髮，惠能於菩提樹下開東山法門——此一大段，約四百餘字，敦煌本没有，是採自曹溪大師別傳的。

（2）機緣第七　劉志略及其姑無盡藏一段，敦煌本無，出於別傳。

又智隍一段，約三百五十字，也出於別傳的瑝禪師一段，但改瑝爲智隍，改大榮爲玄策而已。

（3）頓漸第八　神會一條，其中有一段，「吾有一物，無頭無尾，無名無字，無背無面，諸人還識否」，約六十字，也出於別傳。

（4）宣詔第九　全章出於別傳，約六百多字，敦煌本無。但此章删改最多，因爲別傳原文出於一箇陋僧之手，謬誤百出，如説「神龍元年（七〇五）高宗大帝敕曰」，不知高宗此時已死了二十二年了！此等處契嵩皆改正，高宗詔改爲則天中宗詔，詔文也完全改作。此詔文今收在全唐文（卷十七），即是契嵩改本，若與別傳中的原文對勘，便知此是僞造的詔書。

（5）付囑第十　七十年後東來二菩薩的懸記，出於別傳，説詳上文。

又別傳有「曹溪大師頭頸先以鐵鍱封裹，全身膠漆」一語，契嵩採入壇經，敦煌本無。

又此章末總叙慧能一生，「二十四傳衣，三十九祝髮，説法利生三十七載」，也是根據別傳而稍有修正。別傳記慧能一生的大事如下：

三十四歲，到黄梅山弘忍處得法傳衣。

三十四至三十九，在廣州四會懷集兩縣界避難。凡五年。

三十九歲，遇印宗法師，始剃髮開法。但下文又説開法受戒時「年登四十」。

七十六歲死，開法度人三十六年。

契嵩改三十四傳衣爲「二十四傳衣」，大概是根據王維的碑文中「懷寶迷邦，銷聲異域……如此積十六載」之文。又改説法三十六年爲三十七年，則因三十九至七十六應是三十七年。

以上所記，可以説明曹溪大師別傳和壇經明藏本的關係。我曾細細校勘壇經各本，試作一圖，略表壇經的演變史：

壇經古本（敦煌寫本）
曹溪大師別傳
——契嵩三卷本（宋至和三年（一〇五六））——宗寶增改本（元至元辛卯（一二九一））——明藏本

但曹溪大師別傳實在是一箇無識陋僧妄作的一部僞書，其書本身毫無歷史價值，而有許多荒謬的錯誤。其中所記慧能的一生，大體用王維的能禪師碑（全唐文三二七），如印宗法師之事雖不見於壇經古本，而王維碑文中有之，又碑文中也說：

> 則天太后，孝和皇帝，並敕書勸諭，徵赴京城。禪師，子牟之心，敢忘鳳闕；遠公之足，不過虎溪。固以此辭，竟不奉詔。遂送百衲袈裟，及錢帛等供養。

別傳敷衍此等事，捏造出許多文件。如印宗一段，則造出說法問答之辭；詔徵不起一段，則造出詔敕表文及薛簡問法的一大段。試一考證，便可發現許多作僞的痕蹟。如神龍元年高宗大帝（高宗早已死了）敕中有云：

> ……安秀二德……再推南方有能禪師，密受忍大師記傳，傳達磨衣鉢，以爲法信，頓悟上乘，明見佛性……朕聞如來以心傳心，囑咐迦葉，迦葉展轉相傳，至於達磨，教被東土，代代相傳，至今不絕。師既稟承有依，可往京城施化。

如果此敕是真的，則是傳衣付法的公案早已載在朝廷詔敕之中了，更何用後來的爭論？更何用神會兩度定宗旨，四次遭貶謫的奮斗呢？即此一端便可證明此書作僞的性質了。

傳中記弘忍臨終付袈裟與慧能，並說：

> 衣爲法信，法是衣宗，從上相傳，更無別付；非衣不傳於法，非法不傳於衣。衣

是西國師子尊者相傳，令佛法不斷。法是如來甚深般若，知般若空寂無住，即了法身，見佛性空寂無住，是真解脱。汝可持衣去。

此一段全抄神會的顯宗記（敦煌有殘本，題爲頓悟無生般若頌）的末段，而改爲弘忍付法的話。這也是作僞的證據。

至於較小的錯誤，更是不可勝數。如傳中説慧能死於先天二年（七一三），年七十六，則咸亨五年（六七四），慧能應是三十七歲，而傳中説：

至咸亨五年，大師春秋三十有四。

此一誤也。推上去，咸亨元年應是三十三歲，而傳作三十，此二誤也。神龍元年（七〇五）高宗已死二十二年，而傳中有高宗之敕，此三誤也。神龍三年（七〇七）武后已死二年了，而傳中仍有高宗敕，此四誤也。先天二年至建中二年（七八一），應是六十八年，而傳中作七十一年，此五誤也。傳中又説：

其年（先天二年），衆請上足弟子行滔守所傳衣。經三十五年，有殿中侍御史韋據爲大師立碑。後北宗俗弟子武平一，開元七年（七一九）磨却韋據碑文，自著武平一文。

先天二年即開元元年，至開元七年祇有六年，那有三十五年？此六誤也。傳中又云：

上元二年（七六一）十二月……敕曹溪山六祖傳袈裟及僧行滔……赴上都。乾元二年（七五九）正月一日，滔和上有表辭老疾，遣上足僧惠象及家人永和送傳法袈裟入内……滔和上正月十七日身亡，春秋八十九。

乾元在上元之前，今先後倒置，此七誤也。我疑心原文或作「乾元元年」下敕，重元字，寫作「元二年」而誤作「二年」；但又無二年十二月敕召而同年正月表辭之理，故又改乾字爲「上元二年」，遂更誤了。下文説袈裟留京七年，永泰元年送回。從乾元二年（七五九）袈裟至京，到永泰元年（七六五），正是七年。此可證「上元二年」之當作「乾元元年」。此或是原文不誤，而寫者誤改了的。

又按王維碑文説：

（忍大師）臨終，遂密授以祖師袈裟，而謂之曰：「物忌獨賢，人惡出己。吾且死矣，汝其行乎？」

禪師遂懷寶迷邦，銷聲異域。衆生爲浄土，雜居止於編氓；世事是度門，混農商於勞侣。如此積十六載。

弘忍死於咸亨五年（六七四），是年慧能三十七歲。別傳説他是年三十四歲，固是錯誤。但別傳說他咸亨五年三十四歲傳衣得法，儀鳳元年（六七六）三十九歲剃髮受戒，中間相隔衹有兩年，那能長五歲呢？此八誤也。契嵩拘守十六年隱遯的碑文，故説慧能二十四歲傳衣，三十九歲開法，中間隱遯十六年。但弘忍死於咸亨五年，若慧能二十四歲傳衣，則碑文不應説弘忍臨終傳法了。若依王維碑文，則慧能開法已在五十二三歲，開法二十三四年而死，則別傳説他説法三十六年，壇經改本説他説法三十七年，又都是虚造的了。

總之，別傳的作者是一箇無學問的陋僧，他閉門虚造曹溪大師的故事，裝上許多年月，儼然像一部有根據的傳記了。可惜他没有最淺近的算學知識，下筆便錯，處處露出作僞的痕蹟。不幸契嵩上了他的當，把此傳認作「曹溪古本」，採取了不少材料到壇經裹去，遂使此書欺騙世人至九百年之久！幸而一千多年前最澄大師留下了這一本，保存至今，使我們可以考證契嵩改本的根據。我們對於那位渡海求法的日本大師，不能不表示很深的謝意。

民國十九年一月七日稿

（録自胡適論學近著平裝本第一集上册）

六祖能禪師碑銘

王維

無有可捨，是達有源；無空可住，是知空本。離寂非動，乘化用常，在百法而無得，周萬物而不殆。鼓枻海師，不知菩提之行；散花天女，能變聲聞之身。則知法本不生，因心起見，見無可取，法則常如。世之至人，有證於此，得無漏不盡漏，度有爲非無爲者，其惟我曹溪禪師乎？

禪師俗姓盧氏，某郡某縣人也。名是虚假，不生族姓之家；法無中邊，不居華夏之地。善習表於兒戲，利根發於童心。不私其身，臭味於耕桑之侶；苟適其道，羶行於蠻貊之鄉。年若干，事黄梅忍大師，願竭其力，即安於井臼；素刳其心，獲悟於稊稗。每大師登座，學衆盈庭，中有三乘之根，共聽一音之法。禪師默然受教，曾不起予。退省其私，迥超無我。其有猶懷渴鹿之想，尚求飛鳥之蹟。香飯未消，弊衣仍覆。皆曰升堂入室，測海窺天。謂得黄帝之珠，堪受法王之印。大師心知獨得，謙而不鳴。天何言哉，聖與仁豈敢？子曰：「賜也，吾與汝弗如。」臨終，遂密授以祖師袈裟，而謂之曰：「物忌獨賢，人惡出己。吾且死矣，汝其行乎？」

禪師遂懷寶迷邦，銷聲異域。衆生爲淨土，雜居止於編人；世事是度門，混農商於勞侶。如此積十六載。南海有印宗法師，講涅槃經。禪師聽於座下，因問大義，質以真乘，既不能酬，翻從請益。乃嘆曰：「化身菩薩，在此色身，肉眼凡夫，願開慧眼。」遂領其一作徒屬盡詣禪居，奉爲挂衣，親自削髮。於是大興法雨，普灑客塵。乃教人以忍，曰：「忍者，無生方得，無我始成。於初發心，以爲教首。」至於定無所入，慧無所依，大身過於十方，本覺超於三世。根塵不滅，非色滅空；行願無成，即凡成聖。舉足下足，長在道場；是心是情，同歸性海。商人告倦，自息化城；窮子無疑，直開寶藏。其有不植德本，難入頓門，妄繫空花之狂，曾非慧日之咎。常嘆曰：「七寶布施，等恒河沙；億劫修行，盡大地墨。不如無爲之運，無礙之慈，宏濟四生，大庇三有。」

既而道德遍覆，名聲普聞，泉館卉服之人，去聖歷劫；塗身穿耳之國，航海窮年，皆願拭目於龍象之姿，忘身於鯨鯢之口，駢立於户外，趺坐於牀前。林是旃檀，更無雜樹；花惟薝蔔，不嗅餘香。皆以實歸，多離妄執。九重延想，萬里馳誠，思布髮以奉迎，願叉手而作禮。則天太后，孝和皇帝，並敕書勸諭，徵赴京城。禪師，子牟之心，敢忘鳳闕；遠公之足，不過虎溪。固以此辭，竟不奉詔。遂送百衲袈裟，及錢帛等供養。天王厚禮，獻玉衣於幻人；女后宿因，施金錢於化佛。尚德貴物，異代同符。

至某載月日，忽謂門人曰：「吾將行矣。」俄而異香滿室，白虹屬地。飯食訖而敷坐，沐浴畢而更衣。彈指不留，水流燈燄；金身永謝，薪盡火滅。山崩川竭，鳥哭猿啼。諸人唱言，人無眼目，列郡慟哭，世且空虛。某月日，遷神於曹溪，安座於某所。擇吉祥之地，不待青烏；變功德之林，皆成白鶴。

嗚呼！大師至性淳一，天姿貞素，百福成相，衆妙會心。經行宴息，皆在正受；譚笑語言，曾無戲論。故能五天重跡，百越稽首。修蛇雄虺，毒螫之氣銷；跳殳彎弓，猜悍之風變。畋漁悉罷，蠱酖知非。多絕羶腥，效桑門之食；悉棄罟網，襲稻田之衣。永惟浮圖之法，實助皇王之化。

弟子曰神會，遇師於晚景，聞道於中年，廣量出於凡心，利智踰於宿學，雖末後供，樂最上乘。先師所明，有類獻珠之願（一作顧）；世人未識，猶多抱玉之悲。謂余知道，以頌見託。偈曰：

五蘊本空，六塵非有。衆生倒計，不知正受。蓮花承足，楊枝生肘。苟離身心，孰爲休咎？其一

至人達觀，與佛齊功。無心捨有，何處依空？不著三界，徒勞八風。以茲利智，遂與宗通。其二

愍彼偏方，不聞正法。俯同惡類，將興善業。教忍斷嗔，修慈捨獵。世界一花，祖宗六葉。其三

大開寶藏，明示衣珠。本源常在，妄轍遂殊。過動不動，離俱不俱。吾道如是，道豈在吾。其四

道徧四生，常依六趣。有漏聖智，無義章句。六十二種，一百八喻。悉無所得，應如是住。其五

（録自全唐文卷三一七）

曹溪第六祖賜謚大鑒禪師碑並序

柳宗元

扶風公廉問嶺南三年，以佛氏第六祖未有稱號，疏聞於上。詔謚大鑒禪師，塔曰靈照之塔。元和十年〔一〕十月十三日，下尚書祠部符到都府，公命部吏洎州司功掾，告於其祠。幢蓋鐘鼓，增山盈谷。萬人咸會，若聞鬼神。其時學者千有餘人，莫不欣踴奮厲，如師復

〔一〕唐憲宗（李純）元和十年（公元八一五年）。

生；則又感悼涕慕，如師始亡。因言曰：自有生物，則好鬬奪，相賊殺，喪其本實，誖乖淫流，莫克返於初。孔子無大位，没以餘言持世。更楊墨黄老益雜，其術分裂。而吾浮圖説後出，推離還源，合所謂生而静者。

梁氏好作有爲，師達摩譏之，空術益顯，六傳至大鑒。大鑒始以能勞苦服役，一聽其言，言希以究。師用感動，遂受信具，遁隱南海上，人無聞知。又十六年，度其可行，乃居曹溪爲人師。會學去來，嘗數千人。

其道以無爲爲有，以空洞爲實，以廣大不蕩爲歸。其教人始以性善，終以性善，不假耘鋤，本其静矣。中宗聞名，使幸臣再徵不能致，取其言以爲心術。其説具在，今布天下，凡言禪皆本曹溪。

大鑒去世百有六年，凡治廣部而以名聞者以十數，莫能揭其號。乃今始告天子，得大謚，豐佐吾道，其可無辭。

公始立朝，以儒重，刺虔州，都護安南。由海中大蠻夷，連身毒之西，浮舶聽命，咸被公德，受旗纛節戟，來莅南海，屬國如林，不殺不怒，人畏無噩，允克光於有仁，昭列大鑒，莫如公宜。其徒之老，乃易石於宇下，使來謁辭。其辭曰：

達摩乾乾，傳佛語心，六承其授，大鑒是臨。勞勤專默，終揖於深，抱其信器，行海之陰。其道爰施，在溪之曹，厖合猥附，不夷其高。傳告咸陳，惟道之褒，生而性善，在物而具，荒流奔軼，乃萬其趣。匪思愈亂，匪覺滋誤，由師内鑒，咸獲於素。不植胡根，不耘胡苗，中一外融，有粹孔昭。在帝中宗，聘言於朝，陰翊王度，俾人逍遥。百有六祀，號謚不紀，由扶風公，告今天子。尚書既復，大行乃誄，光於南土，其法再起，厥徒萬億，同悼齊喜。惟師教所被，洎扶風公所履，咸戴天子。天子休命，嘉公德美，溢於海夷，浮圖是視。師以仁傳，公以仁理，謁辭圖堅，永允不已。

（録自全唐文卷五八七）

曹溪六祖大鑒禪師第二碑並序

劉禹錫

元和十一年某月日，詔書追褒曹溪第六祖能公謚曰大鑒。實廣州牧馬總以疏聞，繇是可其奏。尚道以尊名，同歸善善，不隔異教，一字之褒，華夷孔懷，得其所故也。馬公敬其事，且謹始以垂後。遂咨於文雄今柳州刺史河東柳君爲前碑。後三年，有僧道琳率其徒由曹溪來。且曰：「願立第二碑，學者志也。」

惟如來滅後，中五百歲而摩騰、竺法蘭以經來華，人始聞其言，猶夫重昏之見曶爽。復五百歲而達摩以法來華，人始傳其心，猶夫昧旦之覩白日。自達摩六傳至大鑒，如貫意珠，有先後而無異同。世之言真宗者，所謂頓門。初達摩與佛衣俱來，得道傳付，以爲真印，至大鑒置而不傳。豈以是爲筌蹄邪？芻狗邪？將人人之莫已若，而不若置之邪？吾不得而知也。按大鑒生新州，三十出家，四十七年而歿，既歿百有六年而謚。始自蘄州東山，從弟五師得授記以歸。高宗使中貴人再徵，不奉詔，第以言爲貢，上敬行之。銘曰：

至人之生，無有種類，同人者形，出人者智。蠢蠢南裔，降生傑異，父乾母坤，獨肖元氣。一言頓悟，不踐初地，五師相承，授以寶器。宴坐曹溪，世號南宗，學徒爰來，如水之東。飲之妙藥，瘥其瘖聾，詔不能致，許爲法雄。去佛日遠，羣言積億，著空執有，各走其域。我立真筌，揭起南國，無修而修，無得而得。能使學者，還其天識，如黑而迷，仰見斗極。得之自然，竟不可傳，口傳手付，則礙於有。留衣空堂，得者天授。

（録自全唐文卷六一〇）

六祖壇經序

依真小師邕州羅秀山惠進禪院沙門惠昕述

原夫真如佛性，本在人心，心正則諸境難侵，心邪則衆塵易染。能止心念，衆惡自亡；衆惡既亡，諸善皆備；諸善要備，非假外求。悟法之人，自心如日，遍照十方，一切無礙。見性之人，雖處人倫，其心自在，無所惑亂矣。故我六祖大師，廣爲學徒，直說見性法門，總令自悟成佛，目曰壇經，流傳後學。古本文繁，披覽之徒，初忻後厭。余以太歲丁卯，月在蕤賓，二十三日辛亥，於思迎塔院，分爲兩卷，凡十一門，貴接後來同見佛性者。

（録自普慧大藏經四本壇經合刊本）

六祖壇經序

宋吏部侍郎郎簡述

按唐書曰：後魏之末，有僧號達磨者，本天竺國王之子，以護國出家，入南海，得禪宗妙法。自釋迦文佛相傳，有衣鉢爲記，以世相付受。達磨齎衣鉢航海而來，至梁，詣武帝。帝問以有爲之事，達磨不說。乃之魏，隱於嵩山少林寺。以其法傳慧可，可傳僧璨，璨傳道信，信傳弘忍，忍傳惠能，而復出神秀。能於達磨，在中國爲六世。故天下謂之六祖法寶記，蓋六祖之所說其法也。

其法乃生靈之大本。人焉，鬼神焉，萬物焉，遂與其清明廣大者，紛然而大異。六祖憫此，乃諭人欲人自求之，即其心而返道也。然天下之言性命者多矣，若其言之之至詳，理之之至當，推之之至悉，而釋氏得之矣。若其示之之至直，趨之之至徑，證之之至親，而六祖之於釋氏又其得之也。六祖於釋氏教，可謂要乎至哉！

今天子開善閣記，謂以本性證乎了義者，未有捨六祖之道而有能至於此者也。是則六祖者，乃三界之慈父，諸佛之善嗣歟！偉乎，惟至聖而能知至道也。

然六祖之説，余素敬之。患其爲俗所增損，而文字鄙俚繁雜，殆不可考。會沙門契嵩作壇經贊，因謂嵩師曰：「若能正之，吾爲出財模印以廣其傳。」更二載，嵩果得曹溪古本，校之，勒成三卷。璨然皆六祖之言，不復謬妄。乃命工鏤板，以集其勝事。至和三年〔一〕三月十九日序。

（録自普慧大藏經四本壇經合刊本）

壇經贊

宋明教大師契嵩撰

贊者告也，發經而溥告也。壇經者，至人之所以宣其心也。何心耶？佛所傳之妙心

〔一〕宋仁宗（趙禎）至和三年（公元一〇五六年）。

也。大哉心乎？資始變化而清浄常若。凡然，聖然，幽然，顯然，無所處而不自得之。聖言乎明，凡言乎昧。昧也者變也，明也者復也。變復雖殊，而妙心一也。

始釋迦文佛以是而傳之大龜氏，大龜氏相傳之三十三世者，傳諸大鑒。六祖謚號大鑒禪師。大鑒傳之而益傳也。説之者抑亦多端，固有名同而實異者也，固有義多而心一者也。曰血肉心者，曰緣慮心者，曰集起心者，曰堅實心者，若心所之心益多也，是所謂名同而實異者也。曰真如心者，曰生滅心者，曰煩惱心者，曰菩提心者，修多羅其類此者，殆不可勝數，是所謂義多而心一者也。義有覺義，有不覺義；心有真心，有妄心。皆所以別其正心也。方壇經之所謂心者，亦義之覺義，心之實心也。

昔者聖人之將隱也，乃命乎龜氏教外以傳法之要意。其人滯蹟而忘返，固欲後世者提本而正末也。故涅槃曰：「我有無上正法，悉已付囑摩訶迦葉矣。」天之道存乎易，地之道存乎簡，聖人之道存乎要。要也者，至妙之謂也。聖人之道，以要則爲法界門之樞機，爲無量義之所會，爲大乘之椎輪。法華豈不曰：「當知是妙法，諸佛之秘要。」華嚴豈不曰：「以少方便，疾成菩提。」要乎其於聖人之道，利而大矣哉。是故壇經之宗，尊其心要也。

心乎若明若冥，若空若靈，若寂若惺。有物乎？無物乎？謂之一物，固彌於萬物；謂之萬物，固統於一物。一物猶萬物也，萬物猶一物也。此謂可思議也。及其不可思也，不可議也，天下謂之玄解，謂之神會，謂之絶待，謂之默體，謂之冥通。一皆離之遺之，遺之又遺，亦烏能至之？微其果然獨得、與夫至人之相似者，孰能諒乎？推而廣之，則無往不可也；探而裁之，則無所不當也。施於證性，則所見至親；施於修心，則所詣至正；施於崇德辯惑，則真妄易顯；施於出世，則佛道速成；施於救世，則塵勞易歇。此壇經之宗，所以旁行天下而不厭。彼謂即心即佛淺者，何其不知量也。以折錐探地而淺地，以屋漏窺天而小天，豈天地之然邪？然百家者，雖苟勝之，弗如也。而至人通而貫之，合乎羣經，斷可見矣。至人變而通之，非預名字，不可測也。故其顯説之，有倫有義；密説之，無首無尾。天機利者得其深，天機鈍者得其淺。可擬乎？可議乎？不得已況之，則圓頓教也，最上乘也，如來之清浄禪也，菩薩藏之正宗也。論者謂之玄學，不亦詳乎？天下謂之宗門，不亦宜乎？

壇經曰「定慧爲本」者，趣道之始也。定也者靜也，慧也者明也。明以觀之，靜以安之。安其心，可以體心也。觀其道，可以語道也。「一行三昧」者，法界一相之謂也。謂萬善雖殊，皆正於一行者也。「無相爲體」者，尊大戒也；「無念爲宗」者，尊大定也；「無住爲本」者，尊大慧也。夫戒定慧者，三乘之達道也。夫妙心者，戒定慧之大資也。以一妙心而統乎三法，故曰大也。「無相戒」者，戒其必正覺也。「四弘願」者，願度，度苦也；願斷，斷集也；願學，學道也；願成，成寂滅也。滅無所滅，故無所不斷也；道無所道，故無所不度也。「無相懺」者，懺非所懺也。「三歸戒」者，歸其一也。一也者，三寶之所以出也。説「摩訶般若」者，謂其心之至中也。般若也者，聖人之方便也，聖人之大智也。固能寂之，明之，權之，實之。天下以其寂，可以泯衆惡也；天下以其明，可以集衆善也；天下以其權，可以大有爲也；天下以其實，可以大無爲也。至矣哉，般若也。聖人之道，非夫般若不明也，不成也；天下之務，非夫般若不宜也，不當也。至人之爲，以般若振，不亦遠乎？「我法爲上上根人説」者，宜之也。輕物重用則不勝，大方小授則過也。從來「默傳分付」者，密説之謂也。密也者，非不言而闇證也，真而密之也。不解此法而輒謗毁，謂百劫千生斷佛種性者，防天下亡其心也。

偉乎壇經之作也，其本正，其蹟效，其因真，其果不謬。前聖也，後聖也，如此起之，如此示之，如此復之，浩然沛乎，若大川之注也，若虚空之通也，若日月之明也，若形影之無礙也，若鴻漸之有序也。妙而得之之謂本，推而用之之謂蹟；以其非始者始之之謂因，以其非成者成之之謂果。果不異乎因，謂之正果也；因不異乎果，謂之正因也。蹟必顧乎本，謂之大用也；本必顧乎蹟，謂之大乘也。乘也者，聖人之喻道也；用也者，聖人之起教也。

夫聖人之道，莫至乎心；聖人之教，莫至乎修；調神入道，莫至乎一相止觀；軌善成德，莫至乎一行三昧；資一切戒，莫至乎無相；正一切定，莫至乎無念；通一切智，莫至乎無住；生善滅惡，莫至乎無相戒；篤道推德，莫至乎四弘願；善觀過，莫至乎無相懺；正所趣，莫至乎三歸戒；正大體，裁大用，莫至乎大般若；發大信，務大道，莫至乎大志；天下之窮理盡性，莫至乎默傳；欲心無過，莫善乎不謗。定慧爲始，道之基也。一行三昧，德之端也。無念之宗，解脱之謂也。無住之本，般若之謂也。無相之體，法身之謂也。無相戒，戒之最也。四弘願，願之極也。無相懺，懺之至也。三歸戒，真所歸也。摩訶智慧，聖凡之大範也。爲上上根人説，直説也。默傳，傳之至也。戒謗，戒之當也。

夫妙心者，非修所成也，非證所明也，本成也，本明也。以迷明者復明，所以證也；以背成者復成，所以修也。以非修而修之，故曰正修也；以非明而明之，故曰正證也。至人暗然不見其威儀，而成德爲行藹如也。至人頽然若無所持，而道顯於天下也。蓋以正修而修之也，以正證而證之也。於此乃曰罔修罔證，罔因罔果，穿鑿叢脞，競爲其説，繆乎至人之意焉。噫！放戒定慧而必趨乎混茫之空，則吾末如之何也。甚乎含識溺心而浮識，識與業相乘，循諸響而未始息也。象之形之，人與物偕生，紛然乎天地之間，可勝數邪？

得其形於人者，固萬萬之一耳。人而能覺，幾其鮮矣。聖人懷此，雖以多義發之，而天下猶有所不明者也。聖人救此，雖以多方治之，而天下猶有所不醒者也。賢者以智亂，不肖者以愚壅，苹（平）平之人以無記惛。及其感物而發，喜之，怒之，哀之，樂之，益蔽者萬端，曖然若夜行而不知所至。其承於聖人之言，則計之博之，若蒙霧而望遠，謂有也，謂無也，謂非有也，謂非無也，謂亦有也，謂亦無也。以不見而却蔽，固終身而不得其審焉。海所以在水也，魚龍死生在海，而不見乎水。道所以在心也，其人終日説道，而不見乎心。悲夫！心固微妙幽遠，難明難湊，其如此也矣。

聖人既隱，天下百世雖以書傳，而莫得其明驗。故壇經之宗舉，乃直示其心，而天下方知即正乎性命也。若排雲霧而頓見太清，若登泰山而所視廓如也。王氏以方乎世書曰：「齊一變至於魯，魯一變至於道。」斯言近之矣。涅槃曰「始從鹿野苑，終至跋提河，中間五十年，未曾説一字」者，示法非文字也，防以文字而求其所謂也。曰依法不依人者，以法真而人假也。曰依義不依語者，以義實而語假也。曰依智而不依識者，以智至而識妄也。曰依了義經不依不了義經者，以了義經盡理也。而菩薩所謂即是宣説大涅槃者，謂自説與經同也。聖人所謂四人出世即四依也，護持正法，應當證知者。應當證知，故至人推本以正其末也。自説與經同，故至人説經如經也。依義依了義經故，至人顯説而合義也，合經也。依法依智故，至人密説變之通之而不苟滯也。示法非文字，故至人之宗尚乎默傳也。聖人如春，淘淘而發之也。至人如秋，濯濯而成之也。聖人命之，而至人效之也。至人，固聖人之門之奇德殊勳大也。

夫至人者，始起於微，自謂不識世俗文字，及其成至也，方一席之説而顯道救世，與乎大聖人之云爲者，若合符契也。固其玄德上智生而知之，將自表其法而示其不識乎？死殆四百年，法流四海而不息。帝王者，聖賢者，更三十世，求其道而益敬。非至乎大聖人之所至，天且厭之久矣，烏能若此也？予固豈盡其道，幸蚊虻飲海亦預其味，敢稽首布之，以遺後學者也。

（録自鐔津文集卷三）

六祖大師法寶壇經序

古筠比邱德異撰

妙道虚玄，不可思議，忘言得旨，端可悟明。故世尊分座於多子塔前，拈華於靈山會上。似火與火，以心印心。西傳四七，至菩提達摩，東來此土，直指人心，見性成佛。有可大師者，首於言下悟入。末上三拜得髓，受衣紹祖，開闡正宗。三傳而至黄梅，會中高僧七百，惟負春居士（按：「負春居士」，有本作「惠能居士」），一偈傳衣，爲六代祖。南遯十餘年，一旦以非風旛動之機，觸開印宗正眼。居士由是祝髮登壇，應跋陀羅懸記，開東山法門。韋使君命海禪者録其語，目之曰法寶壇經。

大師始於五羊，終至（按：「至」，有本作「於」）曹溪，説法三十七年，霑甘露味、入聖超凡者，莫記其數。悟佛心宗、行解相應、爲大知識者，名載傳燈。惟南嶽、青原執侍最久，盡得無巴鼻；故出馬祖、石頭，機智圓明，玄風大震。乃有臨濟、潙仰、曹洞、雲門、法眼諸公，巍然而出。道德超羣，門庭險峻，啓迪英靈衲子，奮志衝關，一門深入，五派同源。歷徧鑪錘，規模廣大。原其五家綱要，盡出壇經。

夫壇經者，言簡義豐，理明事備，具足諸佛無量法門。一一法門，具足無量妙義；一一妙義，發揮諸佛無量妙理。即彌勒樓閣中，即普賢毛孔中，善入者即同善財，於一念間，圓滿功德，與普賢等，與諸佛等。惜乎壇經爲後人節略太多，不見六祖大全之旨。德異幼年嘗見古本，自後徧求三十餘載，近得通上人尋到全文，遂刊於吴中休休禪庵，與諸勝士同一受用（按：「用」，有本作「囑」）。惟願開卷舉目，直入大圓覺海，續佛祖慧命無窮。斯余志願滿矣。至元二十七年庚寅歲，中春日叙。

（録自普慧大藏經四本壇經合刊本）

跋

宗寶撰

六祖大師平昔所説之法，皆大乘圓頓之旨，故目之曰經。其言近指遠，詞坦義明，誦者各有所獲。明教嵩公常讚云：「天機利者得其深，天機鈍者得其淺。」誠哉言也。

余初入道，有感於斯，續見三本不同，互有得失，其板亦已漫滅。因取其本校讎，訛者正之，略者詳之，復增入弟子請益機緣，庶幾學者得盡曹溪之旨。按察使雲公從龍，深造此道。一日過山房，睹余所編，謂得壇經之大全。慨然命工鋟梓，顓爲流通，使曹溪一派不至斷絶。

或曰：「達磨不立文字，直指人心，見性成佛，盧祖六葉正傳，又安用是文字哉？」余曰：「此經非文字也，達磨單傳直指之指也。南嶽、青原諸大老，嘗因是指以明其心，復以之明馬祖、石頭諸子之心。今之禪宗流布天下，皆本是指。而今而後，豈無因是指而明心見性者耶？」問者唯唯，再拜，謝曰：「予不敏，請並書於經末，以詔來者。」至元辛卯〔一〕

〔一〕元世祖（忽必烈）至元二十八年（公元一二九一年）。

夏，南海釋宗寶跋。

（録自普慧大藏經四本壇經合刊本）

重鋟曹溪原本法寶壇經緣起（節録）

王起隆

余家藏有萬曆元年癸酉李見羅先生重刻曹溪法寶壇經原本一帙，先居士秀川公手澤存焉。其本之善，段絡渾成，理趣周匝，視諸方刻本絶異。童習迄今，珍逾拱璧。今夏携過研山，偕道一主人展閲。適有楞嚴經坊所刻方册壇經在案，取一對之，則竄易顛倒，增減删改，大背謬於原本，未有如是極者。蓋至元辛卯元僧宗寶改本，而徑山寂照菴於萬曆己酉刊行者也。

夫佛門宗印，一絲不得走移；祖師言句，一字不容增減。壇經開頓教門，五宗之所自出，固佛祖心髓也。可竄易乎？可顛倒乎？可增減删改乎？自至元迄今，三百餘年矣。即萬曆己酉迄今，亦四十四年矣。東南所行壇經，罕見曹溪原本，概多宗寶方册。方册改本之雲霧不除，曹溪原本之杲日青霄何從見仰，洵可悲可痛！必先商流通原本，方可徐議銷毁改本也。道一主人護持祖命，念切救頭，當以原本立付剞劂。復屬余字櫛句比，詳明楷定，以告諸方。余非樂爲索瘢，要惟千秋法寶，明晦攸關，何敢安於襲舛？

竊謂宗寶之自用自專，大舛大錯，當以佛法四謗定之。佛祖建立一切法，後人增一字爲增益謗，減一字爲減損謗，紊一字爲戲論謗，背一字爲相違謗。四謗不除，即百非俱起，退衆生心，墮無間罪業，不通懺悔矣。宗寶之於壇經，按之四謗，實無所不有。數其大端：更竄標目，割裂文義，顛倒段絡，删改字句。其膽甚狂，其目甚眯，安得再遲鳴鼓之攻哉！

考祖二十四傳衣，三十九祝髮，説法利生三十七載，門人法海等録爲壇經。然壇經付囑流通，文中載祖將順世時，示門人法海等曰：「我於大梵寺説法以至於今，抄録流行，目曰法寶壇經，汝等守護，遞相傳授。」據此，則法寶壇經四字，爲祖所自立。抄録雖屬門人，全文實祖自鑒定矣。可一字更易耶……宗寶於宗門向上佛祖慧命事，全然望洋。再讀其跋語，有曰「余初入道，有感於斯，續見三本不同，互有得失，其板亦已漫滅。因取其本校讐，訛者正之，略者詳之」云云。夫壇經非文字，乃祖意佛心。曰「初入道，有感於斯」，已爲悠悠浮泛大不中理之談矣。「訛者正之」，是其減損；「略者詳之」，是其增益。曰「三本不同」，曰「其板漫滅」，是其明知信臆改竄、相違戲論，亦有不安於心，以數語爲逋逃重業之飾辭也。又見陸五臺先生有刻壇經一跋云：「壇經，乃曹溪弟子法海集，元僧宗寶裒益成書，微言具在。惟科門、對法，辭多不倫。存之，問知道者。」是五臺亦未得見曹溪原本，而曰「裒益成書」，曰「科門、對法不倫」，曰「存之問知道」，固閱之不安於心，危疑不定之微詞也。或者曰：「破句讀楞嚴，不妨得悟；近且有爲壇經節文者矣，何子斷斷不置，如老吏勘獄之爲？」余應之曰：「悲乎！子之言。祖庭草滿，佛日沉山，宗燈熄燄。干城正法之士，雖損頭目腦髓以争，烏能已也？壇經，五宗宗印，流出現量祖心，如起世界之山河既定，爲巨室之梁柱已安，宗寶之徒，不知妄作，乃以螢火上藐太陽，可任其存留，作舞文法寶之俑，開迷悟衆生之罪耶？古德錯下轉語，罰作野狐；昭明科分金剛，苦受地獄。壇經宗趣，無欠無餘，有何有餘可節？有何不足可文？此亦宗寶之盲盲相引者。六祖常寂光中，其安之耶？」今與道一主人矢願梓傳，其經坊方册舊板，願爲文明告六祖，公請銷毀，免留爲紫朱苗莠之殃。此六祖於大光明之日，余得藉以慰先居士夙心，成一大時節因緣，龍天實鑒之矣。玄默執徐且月既望，秀水參學曹溪弟子西池王起隆薰沐敬識。

（節録自普慧大藏經四本壇經合刊本）

後記

本校釋在寫作過程中，除了得到中國社會科學院世界宗教研究所張新鷹、夏梁銓、楊曾文、羅炤等同志和上海社會科學院宗教研究所業露華同志的大力協助外，還得到了中華書局嚴健羽、王國軒同志和北京市中醫學會董紹明同志等的熱情幫助，謹此致謝。

郭朋　一九八二年五月